Topos-Taschenbücher
Band 35

Altchristliche Gebete

Herausgegeben von
Franz Joseph Schierse

Topos-Taschenbücher

Topos-Taschenbücher werden gemeinsam
vom Matthias-Grünewald-Verlag und Patmos-Verlag
herausgegeben.

Ausgewählte Texte aus dem 1963 im Patmos-Verlag
erschienenen Band »Gebete der ersten Christen«.
Die Texte wurden ins Deutsche übertragen
von den Benediktinerinnen der Abtei
St. Hildegard, Eibingen.

 1. Auflage 1975
Umschlaggestaltung Eschert & Bänder
Satz und Druck Clausen & Bosse, Leck/Schleswig
ISBN 3-491-71035-9

Inhalt

Einführung

Die vorliegende Sammlung altchristlicher Gebete hat eine lange Entstehungsgeschichte. An ihrem Beginn stand das von Professor Adalbert Hamman OFM herausgegebene französische Werk »Prières des premiers chrétiens« (Libraire Arthème Fayard, 1952), zu dem der damals auch in Deutschland hochgeschätzte Schriftsteller Henri Daniel-Rops die Einführung geschrieben hatte. Dieses Werk wurde dann in jahrelanger mühevoller Arbeit von den Benediktinerinnen der Abtei St. Hildegard, Eibingen, ins Deutsche übertragen, bis es 1963 unter dem Titel »Gebete der ersten Christen« im Patmos-Verlag, Düsseldorf, erscheinen konnte. Ein zusätzliches Vorwort zur deutschen Ausgabe schrieb P. Emmanuel von Severus OSB, der das Buch auch in die von ihm und P. Thomas Michels OSB herausgegebene Reihe »Alte Quellen neuer Kraft« aufnahm. Für die wissenschaftliche Arbeit an frühchristlichen Gebetstexten bleibt dieses umfangreiche Werk weiterhin unentbehrlich, weil es neben zahlreichen gelehrten Anmerkungen auch genaue Quellen- und Literaturangaben enthält.

Die nun völlig neu zusammengestellte und stark gekürzte Taschenbuchausgabe verfolgt andere Ziele. Sie erstrebt weder eine möglichst vollständige Dokumentation noch will sie unmittelbar der Wiederbelebung altchristlicher Frömmigkeit dienen. Das den Katholizismus der vergangenen Jahrzehnte bewegende Motto »Zurück zu den Quellen«, auf das sich auch Henri Daniel-Rops in seiner Einführung berief, kann nicht mehr im Sinne einer naiven Urkirchen-Romantik verstanden werden. Es war gerade die von diesem Impuls vor-

angetriebene Erforschung der »Alten Quellen«, die uns ein nüchternes, realistisches Bild des Frühchristentums beschert hat. Auf die frühchristlichen Gebetstexte angewandt, bedeutet dies: Gebete sind nicht schon deswegen gut und vorbildlich, weil sie aus den ersten Jahrhunderten stammen. Alter verdient wohl in jedem Fall Ehrfurcht und Nachsicht, aber es entbindet die Nachfahren nicht von sachlicher Kritik und eigenverantwortlicher Aneignung.
Man darf auch nicht vergessen, daß die Texte zwar *für uns* ein ehrwürdiges Alter haben, viele von ihnen jedoch schon auf ihre Zeitgenossen ebenso unausgereift, klischeehaft oder gekünstelt gewirkt haben mögen wie manche modernen Gebetsformulare auf den heutigen Christen. Aus diesem Grund verzichtet unsere Taschenbuchausgabe von vornherein auf Texte, die den guten Geschmack oder das christliche Gewissen beleidigen, wie etwa jene ambrosianische Präfation, in der es heißt: »O du treuloses, halsstarriges, boshaftes Judenvolk, du weigerst dich, den himmlischen Vater anzuerkennen, und rühmst dich dennoch, Nachkomme Abrahams zu sein. Du undankbares Volk, so viele Male geschlagen, den Gegenwärtigen hast du verachtet und den Entschwundenen konntest du nicht halten. Wir aber frohlocken in lautem Jubel, haben wir doch den Platz und das Reich der Juden erhalten« (Große Ausgabe Nr. 327). Überhaupt möge man aus der Tatsache, daß ein Gebet in unsere Sammlung aufgenommen wurde, keine uneingeschränkte Empfehlung oder Anerkennung herauslesen. Wenn schon das Neue Testament Gebete enthält, die es selbst als unüberlegt, verwegen oder versucherisch bezeichnet (vgl. die Beispiele S. 18–19), dürfen wir uns nicht wundern, daß spätere Generationen noch weniger gefeit waren, Gott mit ihren törichten Bitten und formelhaftem Geplapper zu ermüden. Der Benutzer dieser Auswahl soll sich deshalb den Texten gegenüber völlig frei fühlen. Er kann sie – etwa für den liturgischen Gebrauch – nach Belieben kürzen und verändern, was der Herausgeber verständlicherweise nur in *ganz* wenigen, eigens angemerkten Fällen getan hat.

Trotz dieser notwendigen Vorbehalte teilen wir nicht die Meinung mancher Zeitgenossen, die alles Alte und Herkömmliche schon allein deshalb ablehnen und erst gar nicht mehr zur Kenntnis nehmen, weil es eben alt ist und aus vergangenen Epochen stammt. Wer nicht bereit ist, die Geschichte des Christentums mit all ihren Verirrungen, Einseitigkeiten und Wunschträumen als die seine anzunehmen, beraubt sich der Chance, auch an ihren guten Erfahrungen, Einsichten und Gewißheiten teilzuhaben. Der unvoreingenommene Leser stößt immer wieder auf Texte, die nicht nur sein literarisches oder historisches Interesse wecken. Es ist sein menschliches Herz, das sich über den Wandel der Weltbilder, Ansichten und Ausdrucksformen hinweg in ihnen wiederfindet.
Wenn heute viele, besonders junge Menschen ein erstaunliches Interesse für Meditation, Besinnung und Gebet zeigen, dann sind meist fernöstliche Methoden oder Texte aus der modernen Literatur gefragt. Das ist nur zu begrüßen, doch meinen wir, daß auch eine Auseinandersetzung mit der christlichen Gebetstradition hilfreich sein könnte. Gerade im Vergleich mit anderen religiösen Haltungen und Aussagen stellt sich die grundsätzliche Frage, von der Jesus selbst, die Kirche und ihr ganzes Glaubensgebäude mitbetroffen werden: Was ist das Besondere, das Einzigartige, das die Christen der Welt anzubieten haben? Worin unterscheidet sich ihr Gebet vom Beten anderer Menschen? Die dogmatische Antwort, daß christliches Beten sich eben durch Jesus Christus, den ewigen Gottessohn und himmlischen Hohenpriester, an Gott, den Vater, richte und das im Heiligen Geist – diese Antwort genügt und überzeugt sicher nicht mehr. Man muß die Bedeutung solcher Formeln aufzuschlüsseln versuchen und wird dann feststellen, daß dogmatische Richtigkeit noch keine Gewähr bietet für die innere Christlichkeit, das heißt, für den Geist Jesu, wie er aus dem Evangelium spricht. Erst wenn ein Gebet Angst nicht vermehrt, sondern von ihr befreit, wenn es unangenehme Pflichten nicht auf Gott abschiebt, sondern sich von ihm zum Handeln ermutigen läßt, wenn es Gottes Willen und Macht nicht zur Stärkung eigener Interessen miß-

braucht, sondern nach den Rechten der Rechtlosen fragt –, kurz, wo immer ein Gebet dem Frieden, der Vergebung, der Freude, einer menschlicheren Zukunft dient, dort ist das Besondere, das Einzigartige jenes Geistes zu spüren, der die kindliche Naivität besitzt, den Urgrund des Lebens »Abba, Vater« zu nennen.

Der Herausgeber

Gebete aus dem Neuen Testament

Das Gebet des Herrn nach Mt 6,5–15

Und wann immer ihr betet, seid nicht wie die Heuchler!
Denn sie lieben es, in den Synagogen und an den Straßenecken stehend zu beten,
auf daß sie den Menschen (fromm) erscheinen.
Amen, ich sage euch: Erhalten haben sie ihren Lohn.
Du aber, wann immer du betest,
»gehe hinein in deine Kammer und schließe deine Tür« (Jes 26,20; 2 Kön 4,33),
um zu deinem Vater zu beten, der im Verborgenen ist.
Und dein Vater, der im Verborgenen sieht, wird dir vergelten.
Betet ihr aber, dann sollt ihr nicht leeres Zeug reden wie die Heiden;
denn sie wähnen, durch ihr vieles Reden Erhörung zu finden.
Ihr also sollt ihnen nicht gleich werden!
Denn Gott, euer Vater, weiß, wessen ihr nötig habt,
bevor ihr ihn bittet.
So nun betet *ihr*:
Vater unser im Himmel,
geheiligt soll sein dein Name!
Kommen soll deine Königsherrschaft!
Geschehen soll dein Wille,
wie im Himmel auch auf Erden!
Unser tägliches (oder: morgiges) Brot gib uns heute!
Und vergib uns unsere Schulden,
wie auch wir vergeben haben unseren Schuldnern!
Und führe uns nicht in Versuchung,
sondern bewahre uns vor dem Bösen!
Denn wenn ihr den Menschen ihre Verfehlungen vergebt,
wird auch euer himmlischer Vater euch vergeben.
Wenn ihr aber den Menschen nicht vergebt,
wird auch euer Vater eure Verfehlungen nicht vergeben.

Das Gebet des Herrn nach Luk 11,1–13

Und es geschah, als er an einem Ort war und betete:
Wie er aufhörte, sprach einer seiner Jünger zu ihm:
Herr, lehre uns beten,
so wie auch Johannes seine Jünger gelehrt hat.
Er aber sprach zu ihnen:
Wann immer ihr betet, sagt:
Vater, geheiligt soll sein dein Name!
Kommen soll deine Königsherrschaft!
Unser tägliches (oder: morgiges) Brot gib uns täglich!
Und vergib uns unsere Sünden,
denn auch wir selber vergeben jedem, der uns schuldet.
Und führe uns nicht in Versuchung!
Und er sprach zu ihnen:
Wer von euch hätte einen Freund, und er zöge zu ihm hin um Mitternacht und spräche zu ihm: Freund, borge mir drei Brote, weil nämlich ein Freund von mir angekommen ist von der Reise, bei mir, und ich habe nichts, was ich ihm vorsetzen könnte.
Und jener würde von innen antworten und sprechen:
Bereite mir doch keine Ungelegenheiten!
Schon ist die Tür verschlossen, und meine Kinder sind bei mir im Bett.
Ich kann nicht aufstehn und dir (die Brote) geben.
Ich sage euch:
Wenn er auch nicht aufsteht und ihm gibt, weil er sein Freund ist, wegen seiner Zudringlichkeit wird er sich erheben und ihm geben, soviel er braucht.
Auch ich sage euch:
Bittet, und es wird euch gegeben werden!
Suchet, und ihr werdet finden!
Klopfet an, und es wird euch aufgetan werden!
Denn jeder, der bittet, empfängt,
und wer sucht, findet,
und dem, der anklopft, wird aufgetan werden.

Welcher Vater unter euch aber, den sein Sohn um einen Fisch bittet,
– doch nicht statt eines Fisches wird er ihm eine Schlange geben?
Oder auch, wenn er um ein Ei bittet, wird er ihm einen Skorpion geben?
Wenn nun ihr, die ihr böse seid,
gute Gaben zu geben wißt euren Kindern,
um wieviel mehr wird der himmlische Vater
heiligen Geist geben den ihn Bittenden!

Gebetsrufe zum Vater

Ihr habt nicht den Geist der Knechtschaft empfangen,
wiederum zur Furcht,
sondern empfangen habt ihr den Geist der Sohnschaft,
in dem wir rufen:
ABBA, VATER! (Röm 8,15; vgl. Gal 4,6)

Ich will mich aufmachen
und zu meinem Vater gehen und ihm sagen:
Vater, ich habe gesündigt gegen den Himmel und vor dir,
ich bin nicht mehr wert, dein Sohn zu heißen.
Halte mich wie einen deiner Taglöhner. (Lk 15,18–19)

Abba, Vater!
Alles ist dir möglich.
Laß diesen Kelch an mir vorübergehen;
aber nicht was ich will, sondern was du willst! (Mk 14,36)

Vater, vergib ihnen!
Denn sie wissen nicht, was sie tun. (Lk 23,34)

Vater, in deine Hände empfehle ich meinen Geist. (Lk 23,46)

Mein Gott, mein Gott!
Warum hast du mich im Stich gelassen? (Mk 15,34)

Gebetsrufe zu Jesus

Herr, wenn du willst,
kannst du mich rein machen!
... Ich will, werde rein! (Mk 1,40)

Herr, rette uns,
wir gehen zugrunde!
... Was seid ihr so verzagt!
Habt ihr denn keinen Glauben? (Mk 4,38–40)

Mein Töchterchen, es geht zu Ende mit ihm –
komm und leg ihm die Hände auf,
daß es gerettet werde und lebe!
... Fürchte dich nicht, glaube nur! (Mk 5,23.36)

Wenn du irgend kannst, hilf uns!
Hab Mitleid mit uns!
... Alles ist möglich dem, der glaubt.
Ich glaube, hilf meinem Unglauben! (Mk 9,22–23)

Sohn Davids, erbarme dich meiner!
... Was willst du, daß ich dir tue?
Rabbuni, daß ich wieder sehe! (Mk 10,51)

Erbarme dich meiner, Herr, Sohn Davids!
Meine Tochter wird von einem Dämon übel geplagt.
... Weib, gewaltig ist dein Glaube!
Es geschehe dir, wie du willst. (Mt 15,22.28)

Meister, die ganze Nacht hindurch
haben wir uns gemüht und nichts gefangen.
Auf dein Wort hin aber
will ich die Netze auslegen. (Lk 5,5)

Geh weg von mir, Herr!
Denn ein sündiger Mensch bin ich.
... Fürchte dich nicht!
Von jetzt ab wirst du Menschen fangen. (Lk 5,8.10)

Herr, bemühe dich nicht!
Denn ich bin nicht wert,
daß du unter mein Dach kommst.
Deshalb habe ich mich auch nicht für würdig gehalten,
zu dir zu kommen.
Aber sprich durch ein Wort,
und heil wird werden mein Knecht. (Lk 7,6–7)

Jesus, gedenke meiner,
sobald du in deine Königsherrschaft gekommen bist.
... Heute wirst du mit mir im Paradies sein. (Lk 23,42–43)

Bleibe bei uns,
denn es geht auf den Abend zu,
und der Tag hat sich schon geneigt. (Lk 24,29)

Herr, Jesus, nimm auf meinen Geist! (Apg 7,59)

Herr, rechne ihnen diese Sünde nicht an! (Apg 7,60)

Herr, zu wem sollten wir gehen?
Worte ewigen Lebens hast du.
Und wir haben geglaubt und erkannt,
daß du es bist, der Heilige Gottes! (Jo 6,68–69)

Mein Herr und mein Gott! (Jo 20,28)

Ja, Herr, du weißt, daß ich dich liebe.
Herr, du weißt alles,
du erkennst auch, daß ich dich liebhabe. (Jo 21,15–17)

Marana tha!
Komm, Herr Jesus!
... Ja, ich komme bald. (Apg 22,20)

Bitten Jesu an uns

Auf, mir nach! (Mk 1,17)

Mut, deine Sünden sind dir vergeben! (Mk 2,5)

Geh zurück in dein Haus zu den Deinen
und verkündige ihnen,
was alles der Herr dir getan
und wie er sich deiner erbarmte! (Mk 5,19)

Kommt,
ihr selber, für euch allein,
an einen abgelegenen Ort
und ruht ein wenig aus! (Mk 6,31)

Kommt her zu mir alle,
ihr müde Gewordenen und Überbelasteten,
und ich will euch wieder Ruhe geben! (Mt 11,28)

Gebt ihr ihnen zu essen! (Mk 6,37)

Habt Mut, ich bin es!
Fürchtet euch nicht! (Mk 6,50)

Laßt die Kinder zu mir kommen,
hindert sie nicht! (Mk 10,14)

Habt Glauben an Gott!
Alles, was ihr erbetet und erbittet,
glaubt, daß ihr es empfangen habt,
und so wird es euch sein. (Mk 11,22.24)

Seht zu, wachet!
Denn ihr wißt nicht,
wann die Zeit ist! (Mk 13,33)

Simon, du schläfst?
Nicht stark genug warst du,
eine Stunde zu wachen?
Wacht und betet,
damit ihr nicht in einer Versuchung
zu Fall kommt. (Mk 14,37–38)

Was ruft ihr mich »Herr«, »Herr«,
und tut nicht, was ich sage? (Lk 6,46)

Was nennst du mich »gut«?
Keiner ist gut, nur einer:
GOTT ! (Mk 10,18)

Unüberlegte und versucherische Gebete

Rabbi, es ist gut, daß wir hier sind.
Wir wollen drei Zelte machen,
dir eins und Mose eins und Elia eins.
(Denn er wußte nicht, was er redete.) (Mk 9,5)

Herr, willst du?
Dann lassen wir
»Feuer vom Himmel herabsteigen
und sie (die Bewohner eines samaritanischen Dorfes)
verzehren« (2 Kön 1,10.12). (Lk 9,54)

Lehrer, wir wollen, daß du uns tust,
was immer wir von dir erbitten!
Gib uns, daß wir in deiner Herrlichkeit sitzen dürfen,
einer zu deiner Rechten und einer zu deiner Linken!
Jesus aber sprach zu ihnen:
Ihr wißt nicht, was ihr erbittet.
Habt ihr die Kraft,
den Kelch zu trinken, den ich trinke,
oder mit der Taufe getauft zu werden,
mit der ich getauft werde? (Mk 10,35–38)

Wenn auch alle zu Fall kommen werden,
aber *ich* nicht!
Wenn es sein müßte, daß ich mit dir sterbe,
nie werde *ich* dich verleugnen! (Mk 14,29.31)

Wenn du Gottes Sohn bist,
sprich, daß diese Steine Brot werden! (Mt 4,3)

Wenn du Gottes Sohn bist,
dann steig herab vom Kreuz! (Mt 27,40)

Aus den Evangelien

Ich preise dich, Vater, Herr des Himmels und der Erde!
Weil du dies vor Weisen und Verständigen geheimgehalten und es Unmündigen enthüllt hast.
Ja, Vater, denn so fand es Wohlgefallen vor dir.
Alles wurde mir von meinem Vater überliefert,
und niemand erkennt den Sohn, wenn nicht der Vater,
und auch den Vater erkennt niemand, wenn nicht der Sohn
und wem der Sohn es enthüllen will. (Mt 11,25–27)

Hosanna!
Gepriesen sei, der da kommt im Namen des Herrn!
Gepriesen die kommende Königsherrschaft unseres Vaters David!
Hosanna in der Höhe! (Mk 11,9–10)

Gut hat er alles gemacht!
Und die Tauben macht er hören
und die Unberedten reden! (Mk 7,37)

Aus den lukanischen Vorgeschichten

Hochgesang Mariens »Magnificat«

Gewaltiges kündet meine Seele vom Herrn (vgl. 1 Sam 2,1 bis 10), und »mein Geist jubelt über Gott, meinen Retter« (Hab 3,18), daß er »herabgeblickt hat auf die Niedrigkeit seiner Magd«1 (1 Sam 1,11),
denn siehe, von jetzt an »werden mich seligpreisen« (Gen 13, 13) alle Geschlechter,

weil Gewaltiges mir getan hat der Mächtige (vgl. Ps 126,3).
Und »heilig ist sein Name« (Ps 111,9),
und »sein Erbarmen gilt von Geschlecht zu Geschlecht denen, die ihn fürchten« (vgl. Ps 103,13.17).
Getan hat er Starkes mit seinem Arm,
»zerstreut die Überheblichen« (2 Sam 22,28) im Sinnen ihres Herzens.
»Herunter geholt hat er Herrscher« vom Thron (Ijob 12,9)
und »Niedrige erhöht« (1 Sam 2,7.8),
»Hungernde hat er mit Gütern gefüllt« (1 Sam 2,5; Ps 107,9)
und Reiche hinweggeschickt mit leeren Händen.
»Angenommen hat er sich Israels, seines Knechts« (Jes 41,8),
»zu gedenken des Erbarmens« (Ps 98,3),
wie er geredet hat zu unseren Vätern,
»an Abraham und seinem Samen« (Gen 17,7) in Ewigkeit.
(Lk 1,46–55)

Lobgesang des Zacharias »Benedictus«

»Gepriesen sei der Herr, der Gott Israels« (Ps 41,14 u.ö.),
weil er sich umgesehen und »Erlösung gewirkt hat seinem Volk« (Ps 111,9),
und erweckt hat er »ein Horn des Heils« (Ps 18,3) für uns im Hause Davids, seines Knechts,
wie er geredet hat durch den Mund der Heiligen,
seiner Propheten von Ewigkeit her:
Heil »aus der Gewalt unserer Feinde und aus der Hand aller, die uns hassen« (Ps 106,10),
zu wirken »Erbarmen mit unseren Vätern« (Ps 106,46)
und »zu gedenken seines heiligen Bundes« (Ps 105,8;106,45 u.ö.),
des Eides, den er »geschworen hat zu Abraham hin« (Gen 22,16.17), unserem Vater,
uns zu geben:
daß wir ohne Furcht, aus Feindeshand errettet, ihm heiligen Dienst weihen

in Heiligkeit und Gerechtigkeit vor ihm alle unsere Tage.
Und du aber, Kind, »Prophet des Höchsten« wirst du gerufen werden!
Denn voranziehen wirst du »vor dem Herrn, seine Wege zu bereiten« (Mal 3,1),
Heilserkenntnis zu geben seinem Volk,
in Vergebung von ihren Sünden,
aufgrund des herzlichen Erbarmens unseres Gottes,
mit dem sich nach uns umsehen wird der (Sonnen)aufgang aus der Höhe,
»Licht zu werden den in Finsternis und Todesschatten Sitzenden« (Jes 9,2),
zu lenken unsere Füße auf »den Weg des Friedens« (Jes 59,8).
(Lk 1,68–79)

Lobgesang der Engel »Gloria«

Herrlichkeit in den Höhen sei Gott,
und auf Erden Frieden
unter den Menschen des Wohlgefallens! (Lk 2,14)

Preisgesang des Simeon »Nunc dimittis«

Jetzt entläßt du deinen Knecht, Gebieter,
nach deinem Wort in Frieden;
denn meine Augen »haben dein Heil gesehen« (Jes 40,5;52,10),
das du bereitet hast im Angesicht aller Völker,
ein »Licht zur Offenbarung der Heiden« (Jes 42,6;49,6)
und zur Herrlichkeit deines Volkes Israel. (Lk 2,29–32)

Aus den Paulusbriefen

Hymnus auf die göttliche Weisheit

O Tiefe des Reichtums, der Weisheit und
der Erkenntnis Gottes!
Wie unerforschlich sind seine Gerichte,
wie unergründlich seine Wege!
Denn wer hat den Sinn des Herrn erkannt,
oder wer war sein Ratgeber?

Oder wer hat ihm zuerst gegeben,
daß er es ihm vergelten müßte?
Denn aus ihm und durch ihn und zu ihm hin
ist das All.
Ihm sei die Ehre in Ewigkeit. Amen.

(Röm 11,33–36)

Doxologie

Ihm aber, der die Macht hat, euch zu stärken
in meinem Evangelium
und in der Verkündigung von Jesus Christus,
in der Offenbarung des Mysteriums,
das durch ewige Zeiten verborgen war,

jetzt aber offenbart und durch Schriften der
Propheten gemäß der Anordnung des ewigen Gottes,
um Glaubensgehorsam zu erwirken,
allen Völkern verkündet wurde,
dem allein weisen Gott durch Jesus Christus,
ihm sei die Ehre durch Jesus Christus von
Ewigkeit zu Ewigkeit. Amen.

(Röm 16,25–27)

Das Hohelied der Liebe

Wenn ich mit Zungen von Menschen und
Zungen von Engeln rede und
habe Liebe nicht, bin ich ein tönendes Erz
und eine gellende Zymbel geworden.

Und wenn ich Prophetie habe und alle Geheimnisse
kenne und alle Erkenntnis,
und wenn ich allen Glauben habe,
so daß ich Berge versetzen kann
und habe Liebe nicht, so bin ich nichts.

Und wenn ich meine ganze Habe den Armen gebe,
und meinen Leib hingebe zum Verbrennen,
und habe Liebe nicht, so nützt mir das nichts.

Die Liebe ist geduldig, gütig ist die Liebe,
die Liebe eifert nicht;
sie prahlt nicht, sie bläht sich nicht auf,
sie verstellt sich nicht;
sie sucht nicht das Ihre;
sie wird nicht verbittert, sie hält Böses nicht nach.
Sie freut sich nicht am Unrecht,
aber an der Wahrheit hat sie helle Freude.
Alles deckt sie zu, alles glaubt sie, alles hofft sie,
alles überdauert sie.

Die Liebe hört nimmer auf.
Sind es Prophetenreden, sie werden abgetan;
sind es Zungen, sie hören auf;
ist es Erkenntnis, sie wird abgetan.
Denn Stückwerk ist unser Erkennen,
und Stückwerk ist unsere Prophetenrede.
Wenn aber das Vollkommene kommt,
wird das Stückwerk abgetan werden.

Als ich Kind war, sprach ich wie ein Kind,
empfand ich wie ein Kind, dachte ich wie ein Kind;
nun ich aber Mann geworden bin,
habe ich das Kindhafte abgetan.
Wir schauen noch durch einen Spiegel im Rätsel,
dann aber von Angesicht zu Angesicht.
Noch erkenne ich Stückwerk,
dann aber werde ich erkennen, wie ich selbst erkannt bin.
Nun aber bleiben Glaube, Hoffnung, Liebe, diese Drei,
aber das Größere von diesen ist die Liebe.

(1 Kor 13,1–13)

Aus der nachapostolischen Briefliteratur

Lobpreis

Gelobt sei Gott,
der Vater unseres Herrn Jesus Christus,
der uns mit der Fülle geistlichen Segens
im Himmel gesegnet hat in Christus.
Auserwählt hat er uns in ihm
vor Grundlegung der Welt,
daß wir heilig und ohne Makel vor ihm seien.
In Liebe hat er uns vorherbestimmt
durch Jesus Christus zur Sohnschaft für ihn
nach dem Wohlgefallen seines Willens,
zum Preis der Herrlichkeit seiner Gnade,
mit der er uns in seinem Geliebten begnadet hat.
In ihm haben wir die Erlösung durch sein Blut,
die Vergebung der Sünden
nach dem Reichtum seiner Gnade.
Überströmend gab er sie uns, in jeglicher Weisheit
und Einsicht auf uns ergossen,
als er uns kundtat das Geheimnis seines Willens

nach seinem Ratschluß,
das hat er im voraus festgesetzt im Hinblick auf ihn
zur Durchführung der Fülle der Zeiten:
Alles in Christus unter ein Haupt zu bringen.
Alles im Himmel und alles auf der Erde.
In ihm wurden auch wir mit dem Erbe beschenkt,
die wir nach dem Beschluß dessen,
der alles nach dem Ratschluß seines Willens wirkt,
vorherbestimmt wurden,
damit wir zum Preise seiner Herrlichkeit dienten,
die wir zuvor schon in Christus gehofft haben.
In ihm seid auch ihr, die ihr das Wort der Wahrheit,
das Evangelium eures Heils gehört habt und
in ihm gläubig geworden seid,
durch den verheißenen Heiligen Geist versiegelt
worden, der Angeld unseres Erbes ist auf die
Erlösung, die uns ihm zu eigen macht
zum Lobe seiner Herrlichkeit.
Nun habe ich gehört von eurem Glauben im Herrn Jesus
und von eurer Liebe zu allen Heiligen.
Darum höre ich nicht auf, Dank zu sagen für euch,
wenn ich eurer bei meinen Gebeten gedenke,
auf daß der Gott unseres Herrn Jesus Christus,
der Vater der Herrlichkeit,
euch den Geist der Weisheit und Offenbarung
in seiner Erkenntnis schenke.
Erleuchtet seien die Augen eures Herzens,
damit ihr wißt, was die Hoffnung eurer Berufung ist,
was der Reichtum der Herrlichkeit seines Erbes
unter den Heiligen,
und was die überragende Größe seiner Macht
an uns, die wir glauben aufgrund der
Wirkkraft seiner Stärke. (Eph 1,3–19)

Wach auf, der du schläfst,
und steh auf von den Toten,
und aufleuchten wird dir Christus. (Eph 5,14)

Dem König der Weltzeiten,
dem unvergänglichen
unsichtbaren,
einen Gott,
sei Ehre und Herrlichkeit
von Ewigkeit zu Ewigkeit. Amen. (1 Tim 1,17)

Anerkannt groß ist das Geheimnis der Frömmigkeit:
Er ward geoffenbart im Fleisch,
im Geist gerechtfertigt,
erschienen den Engeln,
verkündigt den Heiden,
erhöht in Herrlichkeit. (1 Tim 3,16–17)

Der selige und alleinige Herrscher,
der König der Könige
und der Herr der Herren.
Er allein besitzt Unsterblichkeit
und wohnt in unzugänglichem Licht,
den kein Mensch gesehen hat,
noch jemand sehen kann.
Ihm sei Ehre und ewige Herrschaft. Amen. (1 Tim 6,15)

Wenn wir mit ihm sterben
werden wir mit ihm leben.
Wenn wir Leid erdulden,
werden wir mit ihm herrschen.
Wenn wir ihn verleugnen,
wird er uns verleugnen.
Wenn wir untreu werden,
er verharrt in Treue,
denn er kann sich selbst nicht verleugnen.
Darum erschallt auch durch ihn das Amen
Gott zum Preis. (2 Tim 2,11–13)

Ihm aber, der die Macht hat,
euch vor dem Straucheln zu bewahren

und euch ohne Tadel in Jubel angesichts
seiner Herrlichkeit hinstellen kann,
dem einen Gott, unserem Heiland
durch Jesus Christus, unseren Herrn:
Ihm die Ehre und der Lobpreis,
die Herrschaft und Macht vor aller Zeit und jetzt
und in alle Ewigkeit. Amen. (Jud 24–25)

Die Gesänge der Apokalypse

Doxologien

Ihm, der uns liebt
und der uns durch sein Blut
von unseren Sünden erlöst hat
und uns zu einem Reich machte,
zu Priestern für seinen Gott und Vater,
ihm sei die Ehre und Macht von Ewigkeit
zu Ewigkeit. Amen. (Apk 1,5–6)

Die vier Wesen, deren jedes einzelne sechs Flügel hat, sind ringsum und innen übersät mit Augen.
Und sie haben keine Ruhe Tag und Nacht und sagen:
Heilig, heilig, heilig ist der Herr,
Gott, der Allherrscher,
der war, und der ist, und der kommt. (Apk 4,8)

Gesänge für das Lamm

Die vierundzwanzig Ältesten legen ihre Kränze vor den Thron und sagen:
Würdig bist du, unser Herr und Gott,
Ruhm, Ehre und Macht zu empfangen,

weil du das All gegründet hast,
und durch deinen Willen war es
und wurde es erschaffen. (Apk 4,10–11)

Sie singen ein neues Lied:

Würdig bist du, das Buch zu nehmen und
seine Siegel zu öffnen.
denn du bist geschlachtet worden
und hast uns erkauft in deinem Blut für Gott
aus allen Stämmen und Sprachen, Völkern und Nationen
und hast sie für unseren Gott zu einem Reich
und zu Priestern gemacht,
und herrschen werden sie auf Erden. (Apk 5,9–10)

Und ich hörte eine Stimme vieler Engel rings um den Thron und um die Wesen und um die Ältesten – ihre Zahl war zehntausend mal Zehntausende und tausend mal Tausende – die mit lauter Stimme riefen:
Würdig ist das Lamm, das geschlachtet wurde,
zu empfangen Macht und Reichtum und Weisheit
und Stärke und Ehre und Herrlichkeit und Segen.
(Apk 5,11–14)

Und die ganze Schöpfung, alles, was im Himmel und auf der Erde und unter der Erde und im Meer ist, das ganze All hörte ich rufen:
Heil unserem Gott, der auf dem Thron sitzt,
und dem Lamm,
Lob, Ehre, Macht, Stärke
in die Ewigkeiten der Ewigkeiten. Amen.
Und die vier Wesen antworteten: Amen. (Apk 7,10)

Der Gesang des Lammes

Und sie sangen das Lied des Mose, des Knechtes Gottes, und das Lied des Lammes:
Groß und wunderbar sind deine Werke,
Herr, allmächtiger Gott.
Gerecht und wahrhaftig sind deine Wege,
du König der Völker.
Wer wird dich nicht fürchten, Herr,
und deinen Namen verherrlichen?
Denn du allein bist heilig,
und kommen werden alle Völker
und werden vor dir niederfallen,
denn deine Rechttaten sind offenbar geworden.
(Apk 15,3–4)

Siegeslied

Danach hörte ich wie die gewaltige Stimme einer großen Schar im Himmel; sie rief:
Alleluja, das Heil und die Herrlichkeit
und die Macht unserem Gott,
denn wahrhaftig und gerecht sind seine Gerichte.
Er hat die große Hure gerichtet,
die mit ihrer Unzucht die Erde verdarb,
und er hat das Blut seiner Knechte
an ihrer Hand gerächt.
Und wieder riefen sie:
Alleluja, und ihr Rauch steigt auf von Ewigkeit
zu Ewigkeit!
Und die vierundzwanzig Ältesten und die vier Wesen fielen nieder, beteten Gott an, der auf dem Thron sitzt, und riefen:
Amen. Alleluja!
Und eine Stimme ging vom Thron aus also:
Preist unseren Gott, ihr seine Knechte,
und die ihn fürchten alle, die Kleinen und die Großen.
Und ich hörte wie die Stimme einer großen Schar und wie

Rauschen vieler Wasser und wie Rollen starker Donner:
Alleluja.
König ist der Herr,
unser Gott, der Allherrscher.
Laßt uns froh sein und jubeln
und ihm die Ehre geben;
denn gekommen ist die Hochzeit des Lammes,
und sein Weib hat sich gerüstet.
Und es wurde ihr gegeben,
sich zu bekleiden mit glänzendem, reinem Linnen.
(Apk 19,1–8)

Gebet der Erwartung

Und der Geist und die Braut sprechen:
Komm!
Es spricht, der das bezeugt:
Ja, ich komme bald.
Amen, komm Herr Jesus.
Die Gnade des Herrn Jesus sei mit allen Heiligen.
Amen. (Apk 22,17.20.21)

Zur Schriftlesung

Geistige Einsicht in die Heilige Schrift

16. Predigt über das Buch Numeri 9

Laßt uns den Herrn bitten,
uns zur Erkenntnis seiner Prophezeiungen
zu erleuchten
und der Wahrheit verwandte Sinne zu eröffnen,
damit wir im Heiligen Geist betrachten,
was vom Geist geschrieben ist,
Geistliches mit Geistlichem vergleichen
und so die Schriften, die er inspiriert hat,
Gottes und des Heiligen Geistes würdig
zu erklären
in Christus Jesus, unserem Herrn,
dem Ehre und Macht ist
in die Ewigkeiten der Ewigkeiten. Amen. (Origenes)

Noas Arche und die Sintflut

2. Predigt über das Buch Genesis 6

Die Barmherzigkeit des allmächtigen Gottes
wollen wir inständig anflehen.
Er mache uns nicht nur zu Hörern,
sondern zu Vollbringern seines Wortes.
Seine Wasser mögen über unsere Seelen hinfluten
und vernichten, was ihm mißfällt,
und beleben, was des Lebens würdig ist,
durch Christus, unseren Herrn,
und durch seinen Heiligen Geist.
Ihm sei die Ehre
in die Ewigkeiten der Ewigkeiten. Amen. (Origenes)

Die Beschneidung Abrahams, Ein Zeichen des Bundes

3. Predigt über das Buch Genesis 7

Uns aber verleihe Gott, mit dem Herzen zu glauben,
mit dem Munde zu bekennen und im Werk zu beweisen,
daß der Bund Gottes in unserem Fleisch ist,
auf daß die Menschen unsere guten Werke sehen
und den Vater preisen, der im Himmel ist,
durch Jesus Christus, unseren Herrn.
Ihm sei Ehre in die Ewigkeiten der Ewigkeiten. Amen.
(Origenes)

Agars Augen öffnen sich

7. Predigt über das Buch Genesis 6

Wachen wir also und sprechen wir mit dem Propheten:
Ich will meinen Augen nicht Schlaf gönnen,
den Lidern keinen Schlummer,
noch den Schläfen Ruhe,
bis ich eine Stätte für den Herrn
und ein Zelt für den Gott Jakobs gefunden habe.
Ihm sei Ehre und Macht
in die Ewigkeiten der Ewigkeiten. Amen. (Origenes)

Gott spricht zu Jakob:
Joseph wird seine Hände auf deine Augen legen

15. Predigt über das Buch Genesis 7

Möge der Herr Jesus seine Hände
auch auf unsere Augen legen,
damit wir anfangen,
nicht auf das zu schauen, was sichtbar ist,

sondern auf das, was sie nicht sehen.
Möge er Augen öffnen in uns,
die nicht das Gegenwärtige,
sondern das Zukünftige sehen,
den Blick des Herzens in uns frei machen,
durch den man Gott im Geist sieht
durch denselben Herrn Jesus Christus,
ihm sei Ehre und Macht
in die Ewigkeiten der Ewigkeiten. Amen. (Origenes)

Geistliche Einsicht in das Gesetz Gottes

1. Predigt über das Buch Leviticus 6

Aus ganzem Herzen laßt uns zum Herrn
und zum Heiligen Geist beten,
alle Nebel und Finsternisse hinwegzunehmen,
die sich durch den Schmutz der Sünde zusammengeballt
haben und den Blick unseres Herzens verdunkeln,
auf daß wir die geistige und wunderbare Einsicht
in das Gesetz empfangen,
wie jener, der sprach:
»Öffne mir die Augen,
und ich werde die Wunder deines Gesetzes
schauen« (Ps 119,18). (Origenes)

Schriftkenntnis

6. Predigt über das Buch Leviticus 6

Tag und Nacht wollen wir in den Schriften meditieren
und im Gebet verharren in aller Wachsamkeit.
Laßt uns inständig den Herrn bitten,
uns den Sinn der Schriften zu enthüllen
und uns zu zeigen,

wie wir das geistliche Gesetz
nicht nur im Verstand erkennen,
sondern im Tun befolgen,
damit wir, vom Gesetz des Heiligen Geistes erleuchtet,
die geistliche Gnade erlangen
in Christus Jesus, unserem Herrn,
dem Ruhm und Macht ist
in die Ewigkeiten der Ewigkeiten. Amen. (Origenes)

Das Beispiel Simeons

15. Predigt über das Evangelium nach Lukas

Möchten auch wir im Tempel
den Sohn Gottes fest in die Arme schließen,
damit wir würdig werden der Entlassung
zum Voranschreiten im Guten.
Darum wollen wir den allmächtigen Herrn bitten
und wollen auch den Knaben Jesus bitten,
den wir auf den Armen tragen,
um mit ihm Zwiesprache zu halten.
Ihm sei Ehre und Macht
in die Ewigkeiten der Ewigkeiten. Amen. (Origenes)

Das Empfangen Jesu in uns

24. Predigt über das Buch Josua 3

Bereiten wir ein reines Herz in uns!
Dann wird der Herr Jesus gern und freudig
in die Wohnung unseres Herzens eintreten
und bitten, unser Gast zu sein.
Ihm sei die Ehre und Macht
in die Ewigkeiten der Ewigkeiten. Amen. (Origenes)

Treue in der Prüfung

10. Predigt über Ezechiel 5

Aus ganzem Herzen wollen wir Gott bitten,
daß er uns helfe,
mit allen Kräften des Geistes und Leibes
für die Wahrheit zu streiten bis zum Ende.
Sollte auch unserem Glauben eine kleine Weile
der Bewährung drohen
(der Glaube muß ja in Gefahren und Verfolgungen
gleichwie Gold im Feuer erprobt werden),
sollte sogar die Verfolgung losbrechen,
sie muß uns bereit finden,
damit unsere Wohnung im Winter nicht umstürzt
und unser Haus, wie auf Sand gebaut,
von den Stürmen weggeweht wird.
Unsere Werke müssen bei allen Stürmen des Teufels,
des bösen Feindes, aushalten,
so wie sie es bis jetzt getan haben,
wenn sie nicht schon unbemerkt unterhöhlt sind.
Und wir müssen in unserem Leben
unsere Liebe zu Gott an den Tag legen
in Jesus Christus,
dem Ruhm und Macht ist
in die Ewigkeiten der Ewigkeiten. Amen. (Origenes)

Die Liebe hat mich verwundet

2. Homilie über das Hohe Lied 8

Wie schön und ehrenvoll ist es,
von der Liebe verwundet zu werden.
Der eine empfängt den Pfeil fleischlicher Liebe,
der andere wird von irdischer Begierde verwundet,
du aber, entblöße deine Glieder

und biete dich dem wunderbaren Pfeilschuß dar.
Gott selber ist der Schütze.
Höre, was die Schrift von jenem Pfeil sagt,
auf daß du in immer noch größeres Staunen gerätst.
Höre, was der Pfeil selber sagt:
»Dem erlesenen Pfeil macht er mich gleich,
barg mich in seinem Köcher.«
Er spricht also:
»Etwas Großes ist es für dich, mein Knecht zu heißen.«
Bedenke, was der Pfeil sagen will
und wie er von Gott erwählt ist.
Wie süß ist es, von diesem Pfeil verwundet zu werden.
Von diesem Pfeil waren verwundet, die zueinander
sagten:
Brannte nicht unser Herz in uns,
als er unterwegs zu uns redete
und uns die Schriften erschloß? (Origenes)

Mein Geliebter ist mein

Kommentar zum Hohen Lied II

So lauten die Worte des Königs:
Ich will in ihnen wohnen und in ihnen wandeln.
Sicher ist das von jenen gesagt,
die ihr Herz für das Wort Gottes so weit
gemacht haben,
daß es in ihnen wandeln kann,
nämlich in der immer größeren
und ausgedehnteren Weite der Einsicht und Erkenntnis.
Und es kann sogar in ihnen ruhen.
Sagt doch ohne Zweifel derselbe Herr
durch den Propheten:
Über wem soll ich ruhen, wenn nicht über dem,
der demütig ist,
der im Geist zerknirscht ist,

der sich sorgt um mein Wort.
Jener König, das Wort Gottes,
hat seine Ruhstatt in der Seele,
die schon zur Vollkommenheit gelangt ist,
wenn in ihr kein Fehler mehr ist,
sondern lauter Heiligkeit, Frömmigkeit,
Glaube, Liebe, Friede und alle Tugenden.
Dann erfreut es den König,
in ihr zu ruhen und Wohnung zu nehmen.
Zu dieser Seele spricht der Herr:
Ich und mein Vater werden zu ihm kommen,
bei ihm zu Tisch sitzen und Wohnung bei ihm
nehmen.
Wo sitzt Christus mit dem Vater zu Tisch?
Wo nimmt er Wohnung? Wo ruht er?
Selige Weite einer solchen Seele
seliges Lager eines solchen Herzens,
wo Vater und Sohn
und – ohne jeden Zweifel –
auch der Heilige Geist zu Tisch
sitzen und Wohnung nehmen.
Mit welchen Reichtümern, mit welchen Gütern
werden solche Gastmähler gehalten?
Der Friede ist dort die erste Speise,
Demut wird zugleich mit Geduld aufgetragen
und mit Sanftmut und Milde.
Von größter Süßigkeit ist die Reinheit des Herzens.
Die Liebe aber nimmt bei diesem Gastmahl
die erste Stelle ein. (Origenes)

Wir flehen zu dir,
Vater des Einziggezeugten
und Herr des Alls,
Schöpfer aller Schöpfung
und Bildner aller Dinge.
Reine Hände strecken wir empor
und heben unseren Geist zu dir, Herr!

Wir bitten dich,
erbarme dich unser und schone unser.
Segne und bessere uns.
Vermehre Tugend, Glauben und Erkenntnis.
Schau auf uns, Herr!
Dir tun wir unsere Schwächen kund.
Sei uns gnädig und erbarme dich unser.
Erbarme dich über dieses Volk und segne es.
Mache es gütig, besonnen und rein.
Sende Engelsmächte,
auf daß alles Volk heilig und keusch sei.
Dich rufen wir an,
sende deinen Heiligen Geist in unser Herz.
Er schenke uns Einsicht in die Schriften
und befähige uns, sie rein und würdig auszulegen,
damit alle hier versammelten Gläubigen daraus
Nutzen ziehen
durch deinen Einziggezeugten, Jesus Christus,
im Heiligen Geist,
durch den dir Herrlichkeit ist und Macht
jetzt und in alle Ewigkeiten der Ewigkeiten. Amen.
(Euchologion des Serapion)

Hymnus an Gott

Du bist über allem.
Darf ich anders dich nennen?
Wie soll Wort dich loben,
den kein Wort kann sagen?
Wie soll Geist dich schauen,
den kein Geist kann fassen?
Du allein bist unaussprechbar,
schufst aber alles, was spricht.
Du allein bist über allem Denken
und schufst doch alles, was gedacht wird.
Alles preist dich, was Stimme hat und was stumm ist.

Alles verehrt dich, was denkt und nicht denkt.
Gemeinsam ist das Verlangen aller,
das Sehnen aller nach dir.
Dich flehen alle an.
Alles, was dich in deiner Schöpfung erkennt,
singt dir einen schweigenden Hymnus.
In dir allein hat alles Bestand,
zu dir hin strebt alles.
Du bist das Ziel für alles,
Du der Eine und Alles und doch nichts von all diesem.
Nicht bist du eines und nicht alles
und hast doch alle Namen.
Wie soll ich dich nennen, du allein bist unnennbar.
Welcher himmlische Geist
könnte durch die Schleier dringen,
die noch über den Wolken des Himmels sind?
Sei gnädig, du bist über allem.
Darf ich anders dich nennen?

(Gregor von Nazianz)

Vor der Schriftlesung

Vater Christi, Allsehender, höre mein Gebet.
Himmlisches Singen gewähre deinem Diener.
Auf göttliche Pfade richte meine Schritte jener,
der aus Gott gezeugt,
als einziger unter den Lebenden Gott erkennt,
Christus, der königliche Befreier
der Sterblichen aus Schuld, der sich einst erbarmte
des schwer leidenden Menschengeschlechts
und nach dem Willen des Vater seine Gestalt änderte
und sterblich geworden ist, der unsterbliche Gott,
bis er alle in Banden der Hölle Seufzenden
erlöst hat durch sein Blut.
Hier merke auf, meine Seele,
und nähre dich in dem heiligen und lauteren Buch
mit den von Gottes Geist erfüllten Worten.

Hier siehst du die Priester der Wahrheit
Leben verkünden mit himmlischen Stimmen.
(Gregor von Nazianz)

Um wahre Gotteserkenntnis

Meine vornehmste Lebensaufgabe ist,
dich, Vater, allmächtiger Gott,
in jedem Wort und in jedem Gedanken auszusprechen.
Herrlicher kann ich die Sprache,
die du mir geschenkt hast, nicht gebrauchen,
als daß ich dich verkünde,
daß ich vor der Welt, die dich nicht kennen will,
und dem Häretiker, der dich leugnet,
dich als den Vater bezeuge,
der du der Vater des einziggezeugten Gottes bist.
Dies ist mein Verlangen.
Um deine Hilfe aber und dein Erbarmen kann ich
nur bitten.
Laß die für dich ausgespannten Segel unseres Glaubens
erfaßt werden vom Wehen des Geistes
und treibe uns auf der begonnenen Fahrt
der Verkündigung weiter.
Denn nicht untreu ist, der gesagt hat:
»Bittet, so wird euch gegeben werden,
suchet, so werdet ihr finden.
Klopfet an, so wird euch aufgetan« (Lk 11,9).
So wollen wir also
in unserer Armseligkeit um das bitten,
wessen wir bedürfen, und dazu eifrig in den Propheten
und Aposteln nachforschen
und an alle Türen verschlossener Einsicht klopfen.
In deiner Macht aber liegt es,
uns das Erbetene zu geben,
das Gesuchte zu gewähren
und dem Anklopfen zu öffnen.

Die Trägheit unserer Natur macht uns schwerfällig,
und wenn wir dich erkennen wollen,
hält die Schwäche unseres Geistes
uns gleichsam in unserer Unwissenheit fest.
Aber der Eifer für deine Lehre führt uns auf den Weg
der Gotteserkenntnis.
Der Gehorsam des Glaubens trägt uns über
unsere natürliche Fähigkeit hinaus.
Wir vertrauen also,
daß du dieses zaghafte Beginnen anfachst
und im weiteren Verlauf bestärkst
und uns an dem prophetischen oder
apostolischen Geist Anteil gewährst,
damit wir die Worte nicht in einem anderen Sinn
auffassen, als jene sie gesprochen,
und in ihren Verheißungen die Erfüllung erkennen.

(Hilarius)

Danksagung für den Glauben

Gewähre mir, allmächtiger Gott,
der ich zwar nur Erde und Staub,
aber durch das Band deiner Liebe
an dich gebunden bin,
in aller Freiheit mit dir zu sprechen.
Ich Unseliger war vorher ein Nichts,
wußte nicht um den Sinn des Lebens,
erkannte nicht mich selbst und meinen Lebenszweck.
Dein Erbarmen aber hat mir Leben gegeben.
Ich zweifle nicht, daß du mir das Leben,
weil du gut bist, als ein Gut geschenkt hast.
Der du mich in Freiheit erschaffen,
wolltest nicht, daß das Leben mir zum Übel werde.

(Hilarius)

Glaubensbekenntnis

Solange du mir Leben schenkst, will ich, heiliger Vater, allmächtiger Gott, dich als ewigen Gott und ewigen Vater bekennen. Niemals will ich mich von der Dummheit und Gottlosigkeit so weit hinreißen lassen, daß ich mich zum Richter über deine Allmacht und deine Mysterien aufwerfen würde. Mein schwaches Denken soll sich nicht über den wahren Glauben an deine Unendlichkeit erheben, so daß ich behaupten wollte, du seiest einmal ohne Weisheit, ohne Kraft und ohne dein Wort, meinen einziggezeugten Gott und Herrn Jesus Christus, gewesen.

Das schwache und unvollkommene Menschenwort hat kein Vorrecht vor meinem Denken über dich, so daß das Unvermögen, zu sprechen, den Glauben zum Schweigen zwingt. Wenn schon in uns das Wort, die Weisheit und die Kraft das Werk unserer inneren Bewegung sind, so ist doch dein Wort, deine Weisheit und Kraft die vollkommene Zeugung des vollkommenen Gottes. Schon durch die Verschiedenheit der Namen als dein Sohn gekennzeichnet, bleibt er ewig in dir. Er ist so aus dir gezeugt, daß nur du als der Urheber einer solchen Zeugung bezeichnet werden kannst. Der Glaube an seine Unendlichkeit wird nicht gemindert, weil wir versichern, daß er vor aller Zeit gezeugt ist.

Vieles gibt es unter den menschlichen Dingen, dessen Ursache uns verborgen ist, dessen Wirkung wir aber kennen. Wo die Natur versagt, müssen wir glauben. Wenn ich meine schwachen Augen zum Himmel erhebe, glaube ich, daß es dein Himmel ist. Wenn ich die Bahnen der Sterne, ihre jährlichen Läufe, die Frühlingssterne, den Nordstern, den Morgenstern und die jedem einzelnen zugewiesenen Aufgaben betrachte, dann erkenne ich dich als Gott in all diesen Dingen, die ich als solche nicht durchdringen kann.

Wenn ich den wunderbaren Wellengang des Meeres betrachte, so bleibt mir nicht nur das innerste Wesen dieses Elementes, sondern auch die gewaltige Bewegung der Gezeiten ein Geheimnis. Aber ich glaube an ein Gesetz darin, obwohl es mir undurchschaubar ist, und erkenne dich in den Dingen, die ich als solche nicht kenne.

Wenn ich im Geist die Erde betrachte, die alle Saaten kraft geheimer Gesetze auflöst, das Aufgelöste belebt, das Belebte vervielfältigt und das Vervielfältigte stärkt, so finde ich bei all dem nichts, was ich mit meinem Denken durchschauen könnte. Aber gerade meine Unwissenheit führt mich dazu, dich zu erkennen. Ich erkenne die Natur nicht, die mir dienen soll, aber in ihrer Nützlichkeit erkenne ich dich in ihr.

Mich selber erkenne ich nicht einmal. Dich aber bewundere ich um so mehr, je weniger ich von mir selber weiß. Ohne sie zu erkennen, erfahre ich jedoch die Gesetzmäßigkeit und das Leben meines urteilenden Geistes. Da ich sie erfahre, danke ich dir, daß du, ohne die Erkenntnis in das Wesen meines Geistes zu geben, mir dennoch die Freude an seiner Betätigung verleihst.

Wenn ich dich erkenne, obwohl ich über mich selbst in Unwissenheit bin, und wenn ich erkennend dich verehre, so lasse ich im Glauben an deine Allmacht darum doch nicht nach, weil jene mein Erkennen übersteigt. Mein Denken kann nicht den Ursprung deines Einziggezeugten begreifen. Das hieße ja, über meinen Schöpfer und Gott mich erheben.

Ich bitte dich, bewahre meinen Glauben unversehrt und laß mich ihn bis zu meinem letzten Atemzug verkünden. Laß mich festhalten an dem Glaubensbekenntnis, das ich bei meiner Wiedergeburt abgelegt habe, als ich getauft wurde im Vater, Sohn und Heiligen Geist.

Laß mich dich, unseren Vater, und mit dir deinen Sohn anbeten, und laß mich deinen Heiligen Geist besitzen, der aus dir durch deinen Einziggezeugten hervorgeht. Meinen Glauben bezeugt, der sagt: »Vater, alles was mein ist, ist dein, und was dein ist, ist mein«, mein Herr Jesus Christus, der in dir ist, aus dir und bei dir, ohne jemals aufzuhören, Gott zu sein. Ihm sei Lob in die Ewigkeiten der Ewigkeiten. Amen.

(Hilarius)

Der Lobgesang Te Deum

DICH, Gott, loben wir. Dich, Herr, preisen wir.
Dir, dem ewigen Vater,
huldigt das Erdenrund.
Dir rufen die Engel alle,
dir Himmel und Mächte insgesamt,
die Cherubim dir und die Seraphim
mit niemals endender Stimme zu:
Heilig, Heilig,
Heilig: der Herr, der Gott der Scharen!
Voll sind Himmel und Erde
von deiner hohen Herrlichkeit.
Dich preist der glorreiche Chor der Apostel;
Dich der Propheten lobwürdige Zahl;
Dich der Martyrer weißgewandetes Heer.
Dich preist über das Erdenrund die heilige Kirche.
Dich, den Vater unermeßbarer Majestät;
Deinen verehrungswürdigen wahren und einzigen Sohn;
den Heiligen auch den Fürsprecher Geist.
Du König der Herrlichkeit: Christus,
du bist des Vaters allewiger Sohn.
Du hast der Jungfrau Schoß nicht verschmäht:
bist Mensch geworden, den Menschen zu befreien.
Du hast bezwungen des Todes Stachel
und denen, die glauben,
die Reiche der Himmel aufgetan.
Du sitzest zur Rechten Gottes
in deines Vaters Herrlichkeit.
Als Richter, so glauben wir, kehrst du einst wieder.
Dich bitten wir denn,
komm deinen Dienern zu Hilfe:
die du erlöst mit kostbarem Blut.
In der ewigen Herrlichkeit
zähle uns deinen Heiligen zu.
Rette dein Volk, o Herr, und segne dein Erbe
und führe sie und erhebe sie bis in die Ewigkeit.

An jedem Tag preisen wir dich
und loben in Ewigkeit deinen Namen:
ja, in der ewigen Ewigkeit.
In Hulden wollest du, Herr, an diesem Tag
uns ohne Schuld bewahren.
Erbarme dich unser, o Herr, erbarme dich unser.
Laß dein Erbarmen, Herr, über uns geschehen,
wie wir gehofft auf dich.
Auf dich, Herr, hab ich meine Hoffnung gesetzt;
in Ewigkeit werde ich nicht zuschanden.

Gebete zum Tagesablauf

Lobpreis

Sie alle zusammen,
die ganze wunderbare Schöpfung Gottes
soll nicht schweigen am Morgen und Abend.
Es sollen nicht schweigen die leuchtenden Sterne,
nicht die hohen Berge und tiefen Meere,
nicht die Quellen der reißenden Ströme,
während wir in unserem Hymnus besingen
den Vater, den Sohn und den Heiligen Geist.
Alle Engel des Himmels sollen antworten:
Amen, Amen, Amen!
Macht, Lob, Ehre, ewige Herrlichkeit
gebühren unserem Gott,
dem alleinigen Geber jeglicher Gnade.
Amen, Amen, Amen!

Am Morgen

Ich will dich preisen alle Tage
und deinem Namen singen in Ewigkeit
und in die Ewigkeiten der Ewigkeiten.
Laß mich, Herr, an diesem Tag vor aller Sünde
bewahrt bleiben.
Preis- und lobwürdig bist du, Herr, Gott, unser Vater.
Dein Name ist herrlich in Ewigkeit. Amen.

Preiswürdig bist du, Herr.
Lehre mich deine Gebote.
Herr, du bist unsere Zuflucht
von Geschlecht zu Geschlecht.
Ich sagte, Herr, habe Erbarmen mit mir.
Heile meine Seele, denn ich habe gesündigt.

Lehre mich, deinen Willen zu erfüllen.
Denn du bist mein Gott.
Bei dir ist der Quell des Lebens.
In deinem Licht sehen wir das Licht.
Bewahre dein Erbarmen denen, die dich kennen.

Am Herrentag im Winter

Du Ew'ger, der die Dinge schafft,
du lenkst die Nacht, du lenkst den Tag,
du setzt den Zeiten ihre Zeit
und wehrst dem öden Einerlei.

Horch, Hahnenschrei! Herold des Tags!
Er hat die tiefe Nacht durchwacht –
ein nächtlich Licht den Wandernden;
hellrufend schied er Nacht von Nacht.

Er ruft – der Morgenstern erwacht
und hellt den nächt'gen Himmel auf.
Er ruft – der Wandelsterne Chor
weicht, aufgescheucht, vom bösen Weg.

Er ruft – da schöpft der Seemann Mut,
des Meeres Wüten legt sich sacht.
Er ruft – da löscht der Kirche ›Fels‹
mit Tränen aus sein feiges Nein.

Auf denn vom Lager, ungesäumt!
Der Hahn stört auf die Ruhenden,
schilt die Verschlafenen kräftig aus,
der Hahn klagt die Verleugner an.

Beim Hahnenschrei hofft alles neu:
Ins kranke Herz ergießt sich Heil;

der Dolch des Räubers birgt sich scheu;
Gefallne hebt der Glaube auf.

Herr Jesus, sieh uns Wankende!
Dein Blick rück' gnädig uns zurecht!
Vor ihm kommt unser Fall zu Fall,
in Tränen löst sich unsere Schuld.

Du leuchte, Licht, den Sinnen auf,
und scheuch den Schlaf des Herzens fort!
Dich nenne unser erster Laut,
gelobter Dienst sei dir erfüllt.

Dem Vater-Gott die Herrlichkeit
und seinem eingebornen Sohn,
dem Parakleten auch zugleich
jetzt, immer und in Ewigkeit! (Ambrosius)

Morgenlied

Der Hahn, des Tages Bote, ruft
weissagend nahes Licht herauf.
Uns weckt, der an die Herzen pocht,
der Christus, jetzt zum Leben auf.

»Fort«, ruft er, »mit dem weichen Pfühl,
der siech und träg und schläfrig macht!
Steht aufrecht, nüchtern, keusch und wach –
schon bin ich nahe vor der Tür!«

So laßt uns rufen: Jesus, komm!
Wir weinen, flehen, nüchtern-wach:
der Demut angespanntes Flehn
wehrt reinem Herzen träge Ruh.

Du, Christus, scheuche fort den Schlaf,
du brich die Fesseln unserer Nacht,
du bind uns los von alter Schuld
und gieße junges Licht uns ein!

Dem Vater-Gott die Herrlichkeit
und seinem eingebornen Sohn,
dem Heiligen Geiste auch zugleich,
jetzt, immer und in Ewigkeit!

(Prudentius »Tagesliederbuch«)

Gloria

Ehre sei Gott in der Höhe
und auf Erden Friede den Menschen,
die guten Willens sind.
Wir loben dich.
Wir preisen dich.
Wir beten dich an.
Wir verherrlichen dich.
Wir sagen dir Dank
ob deiner großen Herrlichkeit:
Herr und Gott, König des Himmels,
Gott, allmächtiger Vater.
Herr Jesus Christus
eingeborener Sohn,
Herr und Gott, Lamm Gottes, Sohn des Vaters:
Du nimmst hinweg die Sünden der Welt,
Erbarme dich unser.
Du nimmst hinweg die Sünden der Welt,
nimm unser Flehen gnädig auf.
Du sitzest zur Rechten des Vaters,
erbarme dich unser.
Denn du allein bist der Heilige,
du allein der Herr,
du allein der Höchste:

Jesus Christus
mit dem Heiligen Geist
in der Herrlichkeit Gottes des Vaters. Amen.

Abendhymnus

Der folgende Hymnus ist das Abendgebet der griechischen Kirche geblieben. Er scheint noch älter zu sein als das Gloria. Der heilige Basilius schreibt (Über den Heiligen Geist 29,33): »Unsere Väter wollten die Gnade des Abendlichtes nicht schweigend empfangen; sobald es aufleuchtete, priesen sie Gott. Wir können nicht sagen, wer der Verfasser dieses Dankliedes ist, doch das Volk singt es noch immer.«

Heiteres Licht vom heiligen Glanz
des unsterblichen himmlischen Vaters,
des heiligen, seligen:
Jesus Christus!

Wir kommen zur Sonne Sinken,
wir schauen das Licht des Abends
und singen in Liedern
den Vater und den Sohn und den Heiligen Geist: Gott.

Würdig bist du, zu allen Zeiten
gefeiert zu werden mit heiligem Ruf,
Sohn Gottes, der du das Leben gabst.
Darum preist dich das All.

Wir sagen dir Dank, o Gott,
durch deinen Knecht Jesus Christus, unseren Herrn,
weil du uns erleuchtet
und uns das unvergängliche Licht geoffenbart hast.
Wir haben den Tageslauf vollendet

und sind zum Anbruch der Nacht gekommen.
Uns hat das Tageslicht geschienen,
das du erschaffen hast zu unserer Freude.
Und jetzt, da uns das Abendlicht nicht fehlt,
besingen wir deine Heiligkeit und Ehre
durch deinen einziggezeugten Sohn,
unseren Herrn Jesus Christus.
Durch ihn und mit ihm besitzest du Herrlichkeit,
Macht und Ehre mit dem Heiligen Geist
jetzt und in die Ewigkeiten der Ewigkeiten.
(Hippolyt, »Apostolische Überlieferung«)

Tischgebete

Gebet vor Tisch

Gepriesen seist du, o Herr,
der du mich ernährst von Jugend auf.
Du gibst Speise allem Fleisch.
Erfülle unser Herz mit Freude und Heiterkeit.
Gib uns das Notwendige
und noch Überfluß, um Gutes zu tun
in Jesus Christus, unserem Herrn:
durch ihn sei dir Ruhm, Ehre und Macht
in die Ewigkeiten. Amen.

Ein anderes Gebet vor Tisch

Wir sagen dir Dank, o Vater,
für die heilige Auferstehung,
die du uns durch Jesus Christus, deinen Sohn,
offenbar gemacht hast.
Und wie dieses Brot hier auf dem Tisch vorher

zerstreut war,
und nun in eins gesammelt ist,
so sammle deine Kirche von den Enden der Welt
in dein Königreich.
Denn dein ist die Ehre und Macht
in die Ewigkeiten der Ewigkeiten. Amen.

Nach Tisch sage also Dank:

Barmherziger und gütiger Gott,
du hast Speise gegeben denen, die dich fürchten.
Ehre sei dem Vater, dem Sohn und dem Heiligen Geist
jetzt und alle Zeit und in Ewigkeit.
Allmächtiger Gott und unser Herr Jesus Christus.
Dein Name ist über allen Namen.
Wir sagen dir Dank und preisen dich,
weil du dich gewürdigt hast,
uns von deinen Gütern Speise für den Leib zu geben.
Wir bitten und flehen inständig zu dir,
gib uns auch eine himmlische Speise.
Gib, daß wir deinen erhabenen und glorreichen Namen
fürchten und verehren
und deine Vorschriften immer befolgen.
Präge in unsere Herzen dein Gesetz
und deine Gerechtigkeit ein.
Heilige unseren Geist, unsere Seele und unseren Leib
durch deinen geliebten Sohn Jesus Christus,
unseren Herrn.
Durch ihn gebührt Dir Herrlichkeit, Macht, Ehre
und Anbetung
von Ewigkeit zu Ewigkeit. Amen.

Ein anderes Gebet vor Tisch

Allmächtiger Herr, Gott unserer Väter,
du begnadest mit Gütern, die dich lieben.
Du hast deinem Volk in der Wüste Manna gegeben
und ihm Brot vom Himmel überreich geschenkt.
Du hast die fünf Gerstenbrote gesegnet
und damit die Fünftausend gesättigt.
Segne die herbeigebrachten Gaben und ihre Geber.
Beschenke sie dafür mit allen Gütern.
Fülle ihre Scheunen mit Überfluß,
auf daß sie den Notleidenden schenken können.
Denn dein ist die Ehre und Macht
in die Ewigkeiten der Ewigkeiten. Amen.

Gebet vor Tisch

Herr, unser Gott,
lebendiges Brot vom Himmel
wahre Speise des ganzen Universums.
Du bist vom Himmel herabgestiegen,
um der Welt das Leben zu bringen.
Du beschützest vom Himmel her unser Leben
und verheißest uns die zukünftigen Güter.
Segne auch jetzt unsere Speise und unseren Trank.
Mach uns würdig, sie zu teilen in aller Redlichkeit,
während wir dir Ehre und Dank entbieten,
dir, dem Geber aller Güter,
denn deine Majestät ist preiswürdig und herrlich.

Ein anderes Gebet

O Gott, du ernährst uns von Jugend auf,
du gibst Speise allem Sein.
Du Geber alles Guten und Lenker unseres Lebens,

du hast uns gewährt, dieses Mahl in Freude zu teilen
und, was übrig blieb, den Armen zu geben.
Segne in deinem heiligen Namen alle,
die uns aufgenommen haben.
Fülle ihre Scheunen mit deinen Gütern
und bewahre ihre Seelen bis zum Ende in Heiligkeit,
auf daß verherrlicht werde dein heiliger Name:
Vater, Sohn und Heiliger Geist.

Im Kirchenjahr

Weihnachten und Epiphanie

Weihnachtsliturgie

Zu Bethlehem verbrachten Hirten
die Nacht auf dem Felde.
Der Engel Gottes kündete ihnen
die Geburt des Emanuel.
Die Herrlichkeit des Herrn umleuchtete die Hirten.
Und der Engel sprach zu ihnen: Fürchtet euch nicht.
Dann verkündete er ihnen und dem ganzen Volk
die große Freude:
Heute ist Christus, der König,
der Gott und Erlöser,
geboren in der Stadt Davids.
Auch wir wollen singen mit den Engeln:
Ehre sei Gott in den Höhen des Himmels
und Friede auf Erden den Menschen, die er liebt.

Antiphon für Epiphanie

Wir haben das Zeichen dessen,
der in Bethlehem geboren wurde,
in Nazareth heranwuchs
und in Galiläa wohnte,
am Himmel gesehen,
die wachenden Hirten bewunderten
den strahlenden Stern.
Sie fielen zur Erde nieder und sprachen:
Ehre dem Vater, Alleluja!
Ehre dem Sohn, Alleluja!
Ehre dem Heiligen Geist, Alleluja!

Formular der Weihnachtsmesse (Leonianum)

Kollekte:

O Gott, du hast die menschliche Würde wunderbar
erschaffen und noch wunderbarer erneuert.
Wir bitten dich, laß uns an der Gottheit
Jesu Christi, deines Sohnes, teilnehmen,
der sich herabgelassen hat,
unsere Menschheit anzunehmen.
Durch unseren Herrn, Jesus Christus,
der mit dir lebt und herrscht
in der Einheit des Heiligen Geistes
von Ewigkeit zu Ewigkeit. Amen.

Gabengebet:

Verleihe, wir bitten dich, allmächtiger und barmherziger Gott, ewiger Vater, daß die Feier der Geburt unseres Herrn Jesus Christus, die wir in der gegenwärtigen Vorfeier begehen, für uns neu sei, erhalten bleibe und ewig währe, weil sie im Mysterium immer neu gegenwärtig ist.

Präfation:

In Wahrheit ist es würdig und recht,
geziemend und heilsam,
dir zu danken, heiliger Herr,
allmächtiger Vater, ewiger Gott.
Was wir in ehrfürchtigem christlichem Bekenntnis
feiern,
nimmt aus dieser Feier seinen Ausgang
und ist im Mysterium dieser Opfergabe enthalten.
Es ist den Eltern des Menschengeschlechts schon

offenbar worden, wie der Apostel bezeugt,
da er von den ersten Menschen sagt:
Dieses Sakrament ist groß.
Ich aber sage: In Christus und in der Kirche.
Die Patriarchen haben es in vielfachen Taten
und Worten verkündet.
Die Beobachtung des Gesetzes hat es vorbildlich
bezeichnet,
die Lieder aller Propheten haben es vorhergesagt.
In ihm sind die Riten des Alten Bundes erfüllt,
in ihm ist heute die Hilfe himmlischer Gnaden,
in ihm die Verheißung der künftigen Welt uns zuteil
geworden.
Da alle Prophezeiungen sich offensichtlich
in ihm erfüllt haben,
dürfen wir zuversichtlich hoffen,
daß seine Verheißungen dereinst Wirklichkeit werden.
Durch ihn ...

Gebet nach der Kommunion

Herr, unser Gott, wir bitten, verleihe uns, daß wir, die wir die Geburt unseres Herrn Jesus Christus wieder in Freuden feiern, auch durch unseren Lebenswandel zur Gemeinschaft mit ihm gelangen. Durch ...
Gib, Herr, deinen Dienern Wachstum in Glaube, Hoffnung und Liebe, auf daß sie, die die Geburt unseres Herrn, deines Sohnes, feiern, die Widerwärtigkeiten der Welt überwinden und ohne Ende festhalten, was sie in der Zeit zu feiern begehren.

Eine andere Weihnachtspräfation

Denn siehe, wie du durch den Propheten verkündet: »Die Jungfrau hat in ihrem Schoß empfangen, und sie hat einen

Sohn geboren, und sein Name ist Emanuel, und Gott ist mit uns: denn sein Wort ist Fleisch geworden und hat unter uns gewohnt. Siehe, ein Kind ist heute geboren, und ein Sohn ist uns geschenkt. Und er ward zum Herrscher, und die Herrschaft ruht auf seinen Schultern. Und sein Name ist Wunderbarer, Ratgeber, starker Gott, Vater auf ewig, Friedensfürst. Sein ist die Fülle der Herrschaft. Der Friede nimmt nimmer ein Ende. Herrschen wird er auf Davids Thron und über sein Reich. Festigen wird er es und stützen von nun an bis in Ewigkeit.«

Darin erkennen wir ihn überall als Gott und Mensch, der, auf sich nehmend, was unser ist, sich herabließ, uns mitzuteilen, was sein ist.

Und darum singen wir in jubelnder Freude mit den Engeln und Erzengeln, mit den Thronen und Herrschaften und mit der ganzen himmlischen Heerschar den Lobgesang deiner Herrlichkeit, ohne Unterlaß rufend: Heilig, heilig, heilig ...

Unsere neue Geburt an Weihnachten

Wahrhaft, es ist würdig und recht, geziemend und heilsam, daß wir dir Dank sagen, heiliger Herr, allmächtiger Vater, ewiger Gott:

Denn aufgeleuchtet ist das herrliche Werk unserer Erlösung: aus dem alten Menschen entstand heil der neue Mensch, aus der Sterblichkeit wurde Unsterblichkeit, die Menschennatur genas in der Rettung, die ihr ward im eigenen Fleisch, aus dem sündeverfluchten Geschlecht ging ein Sproß hervor, der die Sünde nicht kennt.

Und wie unserer Gebrechlichkeit, da sie angenommen wurde von deinem Wort, ewige Ehre zuteil ward, so schenkst du auch uns in der wunderbaren Gemeinschaft mit ihm ewiges Sein.

Durch ihn preisen die Engel deine Majestät, beten die Herrschaften dich an, verehren dich zitternd die Mächte. Die Himmel und Himmelsgewalten und die seligen Seraphim feiern dich jubelnd im Chor. Wir bitten dich: laß auch uns in ihren Lobgesang einstimmen und voll Ehrfurcht bekennen: Heilig, heilig, heilig ... (Leonianum)

Hymnus am Fest der unschuldigen Kinder

Es hört der Zwingherr angstbetäubt,
erschienen sei der Könige Fürst,
der herrschen soll in Israel
und Davids Thron besitzen wird.

Von Sinnen horcht entsetzt er auf:
»Ein Folger droht! Er sinnt uns Sturz!
Geh, Scherge, faß Dein Henkersschwert,
röte mit Blut die Wiegen all!«

Doch wem ist solche Bluttat nütz?
Was hilft Herodes solcher Mord?
Von solchem Wüten ungekränkt
wird Einer, Christus, doch bewahrt.

Martyrerblüten, seid gegrüßt!
Die schon bei Lichtes erstem Schein
das Schwert des Christusfeindes trifft,
wie Sturm die Rosenknospen knickt.

Ihr Christi Erstlingsopferschar,
ihre zarte Herde, hingerafft,
in Einfalt spielt ihr jetzt mit Kron
und Palmen kindlich am Altar.

(Prudentius)

Vom Aufgang bis zum Niedergang
der Sonne preise Lobgesang
Christum, den Herrscher auserkoren,
den uns Maria hat geboren.

Der alles schuf in Allgewalt,
nahm an des Leibes Knechtsgestalt,
das Fleisch im Fleische zu befrein,
Heiland für sein Geschöpf zu sein.

Den Schoß der reinsten Gottesbraut
des Himmels Gnade reich betaut,
der Leib der zarten Maid umspannt
ein Wunder, wie's nie ward gekannt.

Das schlichte Haus der Züchtigkeit
zum Tempel Gottes wird geweiht;
die keines Mannes Liebe kennt,
ein Kind im Schoß ihr eigen nennt.

Ihn nun gebar die keusche Magd,
den Gabriel hat angesagt,
dem schon im Mutterleib voll Freud
Johannes seinen Gruß entbeut.

Heu läßt er richten sich als Bett,
scheut Krippe nicht als Lagerstätt,
mit wenig Milch sich kärglich nährt
Er, der selbst Vögel reich beschert.

Froh jubelt auf das Himmels Heer,
Ihm Engel singen »Gott sei Ehr«,
durch sie den Hirten nun wird kund
der Hirt, der schuf das Erdenrund.

(Sedulius)

Präfation
für den Oktavtag von Weihnachten

Wahrhaft würdig ist es und gerecht, geziemend und heilsam, dir immer und überall Dank zu sagen, Herr, heiliger Vater, allmächtiger, ewiger Gott, durch Christus, unseren Herrn.

Da wir heute den achten Tag seiner Geburt feiern, wollen wir deine Wunder, Herr, verehren. Denn die geboren hat, ist Mutter und Jungfrau; der geboren ist, ist Kind und Gott. Zu Recht haben die Himmel geredet, die Engel fröhlich gedankt, die Hirten sich gefreut, sind die Magier bewegt, die Könige verwirrt, die Knaben mit glorreichen Leiden gekrönt worden. Stille, Mutter, unsere Speise! Stille das vom Himmel kommende Brot, in die Krippe gelegt wie Futter dem frommen Vieh! Denn dort hat der Ochs seinen Besitzer erkannt und der Esel die Krippe seines Herrn, Beschnittene nämlich und Unbeschnittene.
Das hat auch unser Heiland und Herr, von Simeon im Tempel aufgenommen, vollends zu erfüllen sich gewürdigt. Und darum singen wir mit Engeln und Erzengeln, Thronen und Herrschaften und der ganzen himmlischen Heerschar den Hymnus deiner Glorie, ohne Ende singend:
Heilig, heilig, heilig . . . (Gelasianum)

Präfation zu Epiphanie

Ewiger Gott, du sprachst zu uns über dem Flußbett des Jordan in der Stimme des Donners, um die Gottheit des Erlösers vom Himmel zu verkündigen und dich als den Vater des ewigen Lichtes zu offenbaren.
Die Himmel hast du geöffnet, die Luft gesegnet, das Wasser gereinigt und deinen eingeborenen Sohn durch den Heiligen Geist in Gestalt der Taube bezeugt.
Die Quellen haben heute deinen Segen empfangen und unseren Fluch fortgespült. Sie haben die Glaubenden von der Schuld gereinigt und sie durch die Wiedergeburt Gott als Söhne für das ewige Leben geschenkt. Die irdische Geburt gab ihnen das zeitliche Leben, der Tod riß sie durch die Sünde an sich. Nun aber nimmt sie ewiges Leben auf, das sie zur Herrlichkeit des himmlischen Reiches beruft.
(Ambrosianische Präfation)

Buße und Umkehr

Bußhymnus

Der du reich an Erbarmungen und Gnade bist
und alle Sünder von ihren Makeln reinigst,
läutere und reinige mich mit Hysop
und erbarme dich meiner.
Sei mir gnädig in deiner Barmherzigkeit,
wie einst dem Zöllner und der Sünderin!
Christus, der du den Sündern ihre Schuld vergibst
und alle Büßer annimmst,
Erlöser des Menschengeschlechts,
erlöse auch mich in deiner Barmherzigkeit!
Wenn selbst der Gerechte nur mit Mühe
und Anstrengung gerettet wird,
was soll ich Sünder beginnen?
Denn ich habe die Last des Tages
und die Glut der Sonne nicht getragen,
sondern gehöre zu den Arbeitern der elften Stunde.
Errette mich und erbarme dich meiner!
Meine Sünden haben mich zu Boden geworfen
und mich von der Höhe herabgestürzt,
auf der ich stand.
Wie in eine Grube
habe ich mich ins Verderben geworfen.
Wer könnte mir meine frühere herrliche Schönheit
wieder schenken,
wenn nicht du, o weisester Schöpfer,
der du mich im Anfang nach deinem Bild und
Gleichnis erschaffen hast?
Ich aber bin freiwillig ein Geselle Satans
und ein Sklave der Sünde geworden.
In deiner Barmherzigkeit, o Herr, befreie mich,
und erbarme dich meiner!
Meine Gedanken verwirrten und störten mich auf.

Ich verzweifelte an meinem Leben,
weil meine Schuld größer ist als das Meer
und mein Sündenmakel die Wogen an Zahl übertreffen.
Da hörte ich, wie deine Gnade den Sündern zuruft:
Ruft mich an, so will ich euch erhören.
Klopft an, so will ich euch auftun.
So schreie ich denn gleich jener Sünderin zu dir
und flehe dich an wie der Zöllner
und wie der Sohn, der sein Gut verschwendete.
Ich habe gesündigt im Himmel und vor dir.
O mein Herr, es gibt keinen Knecht, der nicht sündigt,
und keinen gütigen Herrn, der nicht vergibt.
O mein Erlöser, entsühne also auch mich
in deiner Barmherzigkeit,
der ich dich durch Sünden erzürnt habe,
und erbarme dich meiner.
Wenn ich meiner Sünden gedenke
und der bösen Werke, die ich getan,
so fürchte ich mich vor der Gerechtigkeit,
die meine Sünden und Wunden sieht.
Ich kann nicht zum Himmel aufschauen,
denn meine Schuld ragt bis zu ihm hinauf.
Und die Erde schreit unter mir,
weil meine Sünden zahlreicher sind als ihre Bewohner.
Weh' mir zur Zeit,
wenn die Gerechten
und Frommen vor Gott erscheinen
und der Glanz ihrer guten Werke erstrahlt.
Was soll ich tun in jener Stunde, o Herr,
da meine Werke finster sind?
Weh' mir, wenn die Priester erscheinen
und dir die empfangenen Talente darbringen,
während ich das meinige in der Erde vergraben habe,
Herr.
Welche Antwort soll ich dann geben?
Den du mit deinem Leib und Blut gespeist hast,
laß das Feuer nicht verzehren.

Den du mit deinem Taufgewand bekleidet hast,
stürze nicht in die Hölle.
Besprenge mich mit dem Tau deiner Gnade
und tilge meine Schuld durch dein Erbarmen,
O Herr über alles, Lob sei dir! (Rabulas von Edessa)

Bitte an seine Seele

Nimm alle Kraft zusammen, meine Seele.
Erkenne dich selbst, wer du bist,
wo dein Ziel und wo dein Ausgang ist,
ob es das Leben ist, das du hier lebst,
oder ob ein anderes machtvoller ist.
Sinne nach, meine Seele, und läutere dadurch dein Leben.
Versenke dich in Gott und in die Mysterien Gottes.
Was war vor diesem All?
Was bedeutet das All für dich?
Von wo ist es ausgegangen und wohin strebt es?
Sinne nach, meine Seele,
und läutere dadurch dein Leben.
Wie lenkt und bewegt Gott dieses All?
Warum ist das eine in Ruhe, das andere in Fluß,
und werden wir mehr als alle Dinge vom Strom
des Lebens mitgerissen?
Sinne nach, meine Seele,
und läutere dadurch dein Leben.
Was einst herrlich mir erschien,
wie ist es mir zum Abscheu geworden!
Was bedeutet die Verbindung mit meinem Leib,
und was ist das Ende des Lebens?
Darauf achte, und laß vom Irrtum des Geistes.
Sinne nach, meine Seele, und erliege nicht der Mühe.
(Gregor von Nazianz)

Klage vor Christus

Weh mir, mich bedrängt das Leben und der Tod.
Hier Sünde, dort Strafe.
Mitten steh ich im Schrecken des Feuerregens.
Auf dich, Christus, vertraue ich mehr
als auf mein Bemühen.
Wenn du mich noch läutern willst,
so ist das Leben das beste.
Wenn aber die Sünde zunimmt,
dann ist es Zeit für den Tod,
bevor ich schlechter geworden bin.

(Gregor von Nazianz)

Andere Bitten zu Christus

I

Weh mir, Christus, wiederum naht die Schlange.
Weh mir, sie naht sich mir, und ich fürchte mich sehr.
Weh mir, ich habe vom Baum der Erkenntnis
gegessen.
Weh mir, der Teufel hat mich zum Neid verführt.
Ich bin kein Mann Gottes mehr.
Ich bin aus dem Paradies der Wonne verstoßen.
O Schwert, lösche ein wenig die brennende Flamme,
auf daß ich wiederum zugelassen werde zum Paradies,
gleichwie der Schächer,
der mit Christus vom Kreuzholz aus darin einging.

II

Ich bin enttäuscht, mein Christus,
dir aber vertraue ich gar sehr.
Ich überhob mich und stürzte tief.
Richte du mich wieder auf.
Ich erkenne, daß ich mich selbst hintergangen habe.

Wenn ich dann wiederum mich stolz erhebe,
so laß mich fallen in einem Fall,
der mich zerschmettert.
Wenn du mich aufnimmst, ist es gut.
Wenn nicht, geh' ich zugrunde.
Sollte deine Güte für mich allein sich erschöpft haben?

III

Weh mir, mein Leben ist Drangsal.
Ich weiß, es geht dem Ende zu,
und ich sehne mich nach dem Tod.
Nur die Bosheit will nicht untergehn.
Gewähre ein wenig Zeit noch, Christus,
Leben der Sterblichen.
Oder entreiß mich dem Übel nach deiner großen Güte.
Wenn du es verwehrst, bin ich tot.
Kann denn ein Toter zu dir zurückkommen?
Es sei denn, eine läuternde Flamme reinigte mich.

(Gregor von Nazianz)

Gebet um Befreiung vom Bösen

Reiß mich heraus, o reiß mich heraus, Unsterblicher,
aus fremder Hand:
Laß nicht böse Werke mich anfechten,
noch Pharao mich quälen.
Nicht als Gefangenen soll mich besitzen,
Christus, dein Gegner
und mich von Wunden ganz entstellt
in das düstere Babylon führen.
In deinem Tempel aber laß mich immer stehen,
Hymnen singend.
Nicht fahre auf mich nieder der Feuerregen Sodomas.
Vielmehr beschütze mich unter deiner Hand,
der mächtigen, die alles Böse abwendet.

(Gregor von Nazianz)

Kniebeugungsgebet

Vater des Einziggezeugten,
gut und erbarmungsreich,
du gütiger Liebhaber der Menschen
und Wohltäter aller, die sich zu dir wenden.
Nimm diese Bitte an,
und gib uns Erkenntnis und Glauben,
Frömmigkeit und Heiligkeit.
Nimm weg von diesem Volk
jegliche Leidenschaft, Begierde und Sünde.
Mach alle rein, und verzeih ihnen die Fehler.
Denn vor dir, dem ungezeugten Vater,
beugen wir die Knie
durch deinen Einziggezeugten:
gib uns ein heiliges Herz und Dienstbereitschaft.
Gib, daß wir dich suchen und lieben.
Gib, daß wir erforschen
und ergründen deine göttlichen Worte.
Gib uns deine Hand, Herr, und richte uns auf,
richte uns auf, Gott der Erbarmungen.
Lenke unseren Blick nach oben,
öffne unsere Augen,
schenke uns Vertrauen.
Laß nicht zu, daß wir erröten,
uns schämen oder selbst verurteilen müssen.
Vernichte den Schuldbrief gegen uns
und schreibe unsere Namen in das Buch des Lebens.
Zähle uns unter deine heiligen Propheten und Apostel
und deinen Einzigbezeugten, Jesus Christus.
Durch ihn sei dir Herrlichkeit und Macht
im Heiligen Geist
jetzt und in alle Ewigkeiten der Ewigkeiten. Amen.

(Euchologion des Serapion)

Wer wird mich reinigen, wer mir die Füße waschen?

5. Predigt über Jesaja 2

Jesus, komm, meine Füße sind beschmutzt.
Um meinetwillen mache dich zum Diener.
Gieße Wasser in deine Schüssel.
Komm und wasche meine Füße.
Und wenn auch kühn ist, was ich sage,
so fürchte ich doch auch deine Drohung:
Wenn ich nicht deine Füße wasche,
hast du keine Gemeinschaft mit mir.
Darum wasche meine Füße,
damit ich Gemeinschaft mit dir habe.
Aber was sage ich: wasche meine Füße?
Petrus konnte so sprechen,
der nur nötig hatte, daß seine Füße gewaschen wurden.
Er war sonst schon ganz rein.
Ich aber, der ich schon gewaschen bin,
bedarf eher jener Taufe, von der der Herr sagt:
Ich muß mit einer anderen Taufe getauft werden.

(Origenes)

Kehret um, ihr abtrünnigen Söhne,
und ich will eure Wunden heilen

5. Homilie über den Propheten Jeremias 2

Merkt auf, durch welch ein Versprechen
der Herr uns zu vollkommener Umkehr ermuntert,
da er sagt,
er werde unsere Wunden durch Jesus Christus heilen,
wenn wir uns ganz zu ihm bekehren.
Wir aber, die wir weder zögern
noch wie Israel unser Heil hinausschieben wollen,
antworten: »Siehe, wir wollen deine Knechte sein.«
Gott hat ja gesagt: Kehrt um,

ihr abtrünnigen Söhne, und ich will eure Wunden heilen.
Und die aus den Heiden kommen, sagen:
Wir werden deine Knechte sein,
die wir es vorher nicht waren,
vielmehr den feindlichen Mächten dienten.
Als du die Völker voneinander schiedest,
da waren wir nicht die Erwählten.
Uns fiel nicht mit dem Volk Israel dein Erbteil zu,
sondern wir wurden zum Anteil der anderen.
Dennoch antworten wir auf deinen Anruf:
Kehrt um, ihr abtrünnigen Söhne,
und ich will eure Wunden heilen:
Dein Anteil sind wir.
Denn auf deinen Ruf allein harren wir.
Nicht wie jene, die den Ruf hörten und ihn verachteten,
wollen wir uns weigern, ihm zu folgen.
Nach dem Gleichnis im Evangelium
war unter den zuerst Gerufenen einer,
der sagte: Ich habe mir eine Frau genommen,
halte mich für entschuldigt.
Und ein anderer: Ich habe fünf Joch Ochsen gekauft
und will sie ausprobieren,
halte mich für entschuldigt.
Wir aus den Heiden Berufenen
wollen nicht eine solche Entschuldigung vorbringen.
Zu welchem Acker auch sollten wir fortgehen,
zu welcher Frau
oder wovon sonst noch
sollten wir in Anspruch genommen werden können?
Daher sagt uns der Herr:
Kehrt um, ihr abtrünnigen Söhne,
und ich will eure Wunden heilen.
Und auf unsere Wunden schauend
und auf die verheißene Heilung,
antworten wir sofort: Siehe, wir sind dein,
weil du unser Gott bist.
In Gehorsam sagen wir: »Wir sind dein«,

und denken immer daran, daß wir versprochen haben:
Wir wollen deine Knechte sein
und dein sind wir.
Niemandem anderen wollen wir willfahren,
nicht dem Geist des Zornes,
nicht dem Geist der Traurigkeit,
nicht dem Geist der Begierde,
nicht dem Teufel oder einem seiner Helfer.
Nein, wir haben auf deinen Ruf hin gesagt:
Siehe, wir sind dein,
und das wollen wir im Werk beweisen.
Wir haben unser Versprechen gegeben
und niemandem anderen gehorchen wir,
denn du, o Herr, bist unser Gott.
Wir anerkennen keinen anderen Gott,
nicht den Bauch, wie die Schlemmer,
deren Gott ihr Bauch ist,
nicht das Gold, wie die Geldgierigen,
nicht den Geiz, der Götzendienst ist,
noch sonst irgend etwas halten wir für Gott
und setzen es in die Reihe der Götter,
wie das viele tun.
Unser Gott ist der, der über allen ist,
durch alles und in allem.
Für uns hat nur die Liebe zu Gott Wert.
Denn die Liebe macht uns eins mit Gott.
Und wir sagen: Siehe, wir sind dein,
weil du unser Herr und Gott bist.

(Origenes)

Gebet um Buße

Gott beschütze mich ohne Unterlaß:
in der Arbeit, im Wort und in den Herzensgedanken.
Gott, erbarme dich meiner
in dieser und der zukünftigen Welt.
Gott, erbarme dich meiner,

denn ich habe gesündigt vor dir wie ein Sterblicher.
Aber du guter und liebevoller Meister, verzeihe mir!
Gott, erschrecke und verwirre mich nicht zu der Stunde,
da die Seele den Leib verläßt.
Gott, richte mich dann nicht in deinem Zorn
und strafe mich nicht in deinem Grimm.
Gott, erzürne dich nicht wider mich
nach meinen Sünden und Übeltaten.
Gott, verbirg nicht dein Angesicht vor mir,
wenn ich vor dir erscheine,
und wende nicht dein Antlitz von mir am Tage,
da du die verborgenen und offenkundigen Werke
der Menschen richten wirst.
Gott, dein Wort hat Fleisch angenommen,
ist gekreuzigt worden für mich,
ist gestorben und begraben worden
und ist auferstanden am dritten Tag.
Halte mich fest,
damit die bösen Geister
nicht Herr werden über mich
und mich deinen Händen entreißen.
Gott, laß mich nicht in Unglauben fallen.
Laß nicht zu, daß der Widersacher
in mir etwas finde, was sein ist.
Gott, mach mein Herz zu einem scharfen Schwert
gegen alle sündigen Gedanken,
damit ich sie aus meinem Herzen vertreiben kann.
Gott, du hast dem Meer befohlen, sich zu beruhigen,
jage alle bösen Leidenschaften aus meiner sündigen Natur,
damit die Sünde ausgelöscht
und in allen meinen Gliedern getilgt sei.
Gott, schenke mir immerdar
ein reines Herz und den rechten Glauben
in die Ewigkeiten der Ewigkeiten. Amen.

(Schenute von Atripe)

Gebet eines Bischofs um Verzeihung

Mein Jesus, laß auch mich dir
die heiligen Füße waschen.
Seit du in meiner Seele wandelst,
hast du sie beschmutzt.
Laß mich den Schmutz entfernen,
den mein Tun auf deinen Weg warf.
Doch wo finde ich das lebendige Wasser,
mit dem ich dir die Füße waschen könnte?
Habe ich kein Wasser, so habe ich doch Tränen.
Benetzen sie deine Füße, dann werde ich selber rein.
Warum sprichst du zu mir:
»Ihr werden viele Sünden vergeben,
weil sie viel geliebt hat« (Lk 7,47)?
Ich schulde mehr als andere und mehr vergabst du mir,
wurde ich doch aus dem Lärm der Gerichtshändel
und der Verantwortlichkeit
öffentlicher Verwaltungsarbeiten
zum Bischofsamt berufen.
Ich fürchte undankbar zu sein:
Du hast mir so viel vergeben,
und ich habe so wenig geliebt.
Bewahre dein Geschenk, schütze die Gabe,
die du dem Widerstrebenden verliehen hast.
Ich war mir der Unwürdigkeit für das Bischofsamt bewußt,
hatte ich mich doch dem weltlichen Treiben ergeben.
Aber »durch deine Gnade bin ich, was ich bin«
(1 Kor 15,10).
Zwar bin ich der letzte aller Bischöfe
und der Geringste an Verdienst.
Weil ich aber für deine heilige Kirche arbeite,
schütze du diese Frucht.
Du hast den Verlorenen zur Bischofswürde berufen.
Laß nun den Bischof nicht verlorengehen.
Vor allem, gib mir die Gnade,

aus tiefstem Herzensgrund mit den Sündern Mitleid
zu haben.
Das ist wahre Tugend, steht doch geschrieben:
»Du hättest nicht frohlocken sollen
über Judas Söhne am Tage ihres Untergangs,
nicht harte Worte sprechen sollen
am Tage der Bedrängnis« (Abd 12).
Gib mir, daß ich Mitleid habe,
wenn die Sünde eines Gefallenen offenbar wird.
Laß mich dann nicht überheblich tadeln,
sondern trauern und weinen.
Laß mich mit den Tränen über andere
auch mich selbst beweinen und sprechen:
»Thamar ist gerechter als ich« (Gen 38,26).

(Ambrosius)

Für die Ruhe der Seele

22. Predigt über das Buch Numeri 4

Laßt uns beten, daß Jesus über uns herrsche,
und wir vom Krieg befreit werden
und vom Ansturm fleischlicher Gelüste.
Wenn wir von all dem frei sein werden,
möge ein jeder unter seinem Weinstock
und Feigenbaum und Ölbaum ausruhen.
Unter dem Schutz des Vaters
und des Sohnes und des Heiligen Geistes
ruhe die Seele,
die den Frieden des Fleisches und Geistes gefunden.
Dem ewigen Gott sei die Ehre
in die Ewigkeiten der Ewigkeiten. Amen.

(Origenes)

Präfation

So trägst du Sorge für uns, daß aus der inneren Anlage
unser äußerer Fortschritt erwächst.

Kein äußeres Übel kann uns treffen,
wenn wir die Laster der Seele zügeln.
Keiner sichtbaren Schande unterliegen wir,
wenn wir den Begierden den Kampf ansagen.
Keine Beunruhigung vermag unseren Weg zu stören,
wenn wir lauteren Herzens handeln.
Keinem Feind unterliegen wir,
wenn wir den Frieden im Herzen bewahren.
Da wir als erste über uns Rechenschaft geben sollen,
fällt alles Schändliche in sich zusammen,
wenn wir zuerst uns selbst besiegen.

(Leonianum)

Dankgebet

Wir rufen dich an, Herr Gott!
Du hast das All erschaffen
und wachst über alle Natur.
Du bekehrst, die da sitzen in Finsternis
und im Schatten des Todes,
daß sie den sicheren Weg der Wahrheit ziehen.
Du willst, daß alle Menschen gerettet werden
und zur Erkenntnis der Wahrheit kommen.
Aus einem Munde bringen wir dir Lobpreis
und Hymnen des Dankes dar
und verherrlichen dich in dieser Stunde
aus ganzem Herzen und Munde.
Denn du hast uns gewürdigt der heiligen Berufung,
Jünger zu werden in Weisheit und Einsicht,
in Glaube und Ausdauer,
in Wahrheit und ewigem Leben,
indem du uns erkauft hast
durch das kostbare und makellose Blut
deines einzigen Sohnes
aus all unseren Verirrungen.
Du hast uns befreit vom Bösen
und uns Herrlichkeit und Freiheit geschenkt.

Wir waren tot,
und du hast uns die Neugeburt aus dem
Heiligen Geist geschenkt.
Wir waren beschmutzt,
und du hast uns die Reinheit wieder geschenkt.
Wir bitten dich also, Vater der Erbarmungen
und Gott allen Trostes:
Bestärke uns in unserer Berufung,
in der Anbetung und im Glauben.
Erleuchte unsere Seelen,
auf daß wir dich erkennen und dir dienen können.
Gedenke nicht mehr der Sünden,
die wir begangen haben
und noch fortwährend begehen.
Vergiß die Fehler, deren wir uns schuldig gemacht
bei Tag und bei Nacht.
Rechne uns nicht an
unsere freiwilligen und unfreiwilligen Mängel.
Bedenke, Herr, wie leicht wir fallen!
Deine Menschen sind schwach
in ihrer Natur und ihrem Bemühen.
Stärke uns, o gütiger Gott, mit deiner Kraft.
Erleuchte unsere Seele mit deinem Trost.
Mache uns würdig
der Frohbotschaft unseres Heilandes Jesus Christus,
nicht nur in Worten, sondern auch in Taten
und in unserem ganzen Leben.
Schenke uns das Sehen, Suchen und Betrachten
der Güter des Himmels und der Erde.
So sei durch die Kraft der Gnade
Verherrlichung dargebracht der Allmacht,
der sehr heiligen und allen Lobes würdigen
in Jesus Christus, dem vielgeliebten Sohn,
mit dem Heiligen Geist
in die Ewigkeiten der Ewigkeiten. Amen.

Danksagung

Du, o Herr, bist wahrlich ein reiner und ewiger Quell der Güte.
Du hast dich von uns abgewandt, um dich dann wieder in Liebe unserer zu erbarmen.
Du hast uns gehaßt und dich mit uns ausgesöhnt.
Du hast uns verflucht und uns gesegnet.
Du hast uns aus dem Paradies vertrieben und wieder zurückgerufen.
Du hast uns das unansehnliche Gewand aus Feigenblättern ausgezogen und uns in einen kostbaren Mantel gehüllt.
Du hast den Kerker geöffnet und die Verurteilten entlassen.
Mit reinem Wasser hast du uns besprengt und von allem Schmutz gereinigt.
Wenn du Adam rufst, braucht er sich nicht mehr zu schämen. Sein Gewissen wird ihm keinen Vorwurf machen. Er braucht sich nicht aus Scham unter den Bäumen des Paradieses zu verbergen. Das flammende Schwert versperrt nicht mehr den Zugang zum Paradies und verwehrt nicht mehr dem Nahenden den Zutritt.
Alles hat sich für uns, die wir Erben der Sünde sind, in Freude verwandelt, und sogar der Himmel steht dem Menschen offen. Die Schöpfung – Himmel und Erde – durch die Sünde zerrissen, singt einstimmig das neue Lied. Wir Menschen sind den Engeln geeint und feiern ihr Gotteslob.
Darum laßt uns Gott den Freudenhymnus jubeln, den einst der Prophet unter dem Wehen des Geistes anstimmte: »Es juble meine Seele im Herrn, denn er umkleidet mich mit Heilsgewändern und hüllt mich in den Mantel der Freude. Wie einen Bräutigam hat er mich mit einem Diadem geschmückt und wie eine Braut mich mit Geschmeide geziert« (Jes 61,10).
Der die Braut schmückt, aber ist Christus, der ist und war und sein wird hochgelobt jetzt und in Ewigkeit.

(Gregor von Nyssa)

Ernte und Fasten

Wahrlich, es ist würdig und recht, geziemend und heilsam, daß wir dir Dank sagen, heiliger Herr, allmächtiger Vater, ewiger Gott:
Nachdem wir die Früchte der Erde eingebracht haben, ist es dein heiliger Wille, dir dafür Dank zu sagen in Enthaltsamkeit, damit wir aus dieser heiligen Übung lernen, daß wir jene nicht zur Last des Leibes, sondern zur Notdurft unserer Armseligkeit empfangen haben. Was wir davon sparsamer nehmen, soll den Notleidenden zur Nahrung dienen. Damit die heilsame Zucht den Übermut des sterblichen Leibes zügle, soll uns die Liebe zu Nachahmern deiner Güte machen. Und so sollen wir die irdischen Güter gebrauchen, daß wir lernen, nach den himmlischen zu verlangen, durch Christus, unseren Herrn.

(Leonianum)

Präfation für das Fest der Martyrer

Wahrhaftig, es ist würdig und recht, geziemend und heilsam, daß wir dir Dank sagen, heiliger Herr, allmächtiger Vater, ewiger Gott:
Denn herrlich ist jenes hochheilige Wort unseres Herrn Jesus Christus, das er, gekommen zur Erlösung der Welt, trostvoll verkündet: Wenn das Weizenkorn nicht in die Erde fällt und stirbt, bleibt es allein; wenn es aber stirbt, bringt es viele Frucht (Jo 12,24).
Wir sehen, wie diesem Samenkorn auf dem ganzen Erdkreis reichliche Ernte entsproß und wie aus dem ersten Leiden des Herrn eine Saat ruhmvoller Leiden hervorging. Denn da der Schöpfer sein Blut vergoß für seine ruchlosen Knechte, bewirkte er, daß seine sündigen Diener freudig ihr Leben gaben für ihren schuldlosen Herrn.

Darum singen wir mit den Engeln und Erzengeln, mit den Thronen und Herrschaften und mit der ganzen himmlischen Heerschar den Lobgesang deiner Herrlichkeit, ohne Unterlaß rufend:
Heilig, heilig, heilig ...

(Leonianum)

Präfation für den ersten Fastensonntag

Wahrhaft würdig und recht ist es, geziemend und heilsam, dir Dank zu sagen, heiliger Herr, allmächtiger Vater, ewiger Gott, durch Christus, unseren Herrn.
In ihm wird der Glaube der Fastenden genährt,
die Hoffnung emporgehoben, die Liebe gestärkt.
Er selbst ist ja das wahre, lebendige, unvergängliche Brot, das die Tugend nährt. Dein Wort, durch das alles geschaffen ist, ist Brot nicht nur für das Menschenherz, sondern auch für die Engel.
In der Kraft dieses Brotes fastete dein Diener Mose vierzig Tage und vierzig Nächte, als er das Gesetz empfing. Er enthielt sich der irdischen Nahrung, um desto leichter deiner Süßigkeit inne zu werden. Sein Leib empfand keinen Hunger, und er vergaß der irdischen Speise; denn der Blick auf deine Herrlichkeit verklärte ihn, und das Gotteswort, das der Geist ihm eingab, nährte ihn.
Auch uns schenke immer dieses Brot. Du willst ja, daß wir unaufhörlich danach verlangen: Jesus Christus, unserem Herrn.

(Ambrosianische Präfationen)

Präfation für den ersten Fastensonntag

Die Samariterin

Durch unseren Herrn Jesus Christus. Um uns das Geheimnis seiner Erniedrigung kundzutun, setzte er sich müde am Brunnen nieder und bat die Samariterin um einen Trunk Wasser, nachdem er selbst die Gnade des Glaubens in ihr gewirkt hatte. Und so groß war der Durst nach ihrem Glauben, daß er durch seine Bitte um Wasser das Feuer der göttlichen Liebe in ihr entfachte.
Wir flehen darum zu deiner unermeßlichen Güte: laß uns die tiefe Finsternis der Sünde verabscheuen und die Wasser verderbenbringender Leidenschaften fliehen. Laß uns nach dir, der lebendigen Quelle und dem Urgrund der Güte, immerdar dürsten und dir durch unser Fasten gefallen.

(Ambrosianische Präfationen)

Gebet zum leidenden Christus

Anbetend falle ich dir zu Füßen, Herr.
Ich danke dir, Gott der Güte.
Ich flehe, Heiliger!
Vor dir werfe ich mich nieder,
Du Freund der Menschen!
Dich verherrliche ich, Christus!
Denn du bist der Eingeborene und Herr des Alls.
Du, der Sündelose,
hast dich für mich unwürdigen Sünder dem Tode
hingegeben, dem Tod am Kreuze,
um zu befreien von den Banden der Sünde
die Seele des Sünders.
Wie soll ich es vergelten, o Herr!
Preis dir, Freund der Menschen!
Preis dir, Barmherziger!
Preis dir, Langmütiger!

Preis dir, der du kamst, unsere Seele zu retten!
Preis dir, der du Fleisch angenommen
im Schoß der Jungfrau!
Preis dir, der du gebunden wurdest!
Preis dir, der du gegeißelt worden bist!
Preis dir, der du verspottet wurdest!
Preis dir, der du ans Kreuz geschlagen wurdest!
Preis dir, der du begraben wurdest
und auferstanden bist!
Preis dir, der du den Menschen verkündigt
und im Glauben aufgenommen wurdest!
Preis dir, der du in den Himmel aufgestiegen bist!
Preis dir, der du in großer Herrlichkeit
zur Rechten des Vaters thronst!
Wiederkommen wirst du in der Herrlichkeit
des Vaters und aller heiligen Engel,
zu richten jede Seele,
die deine heiligen Leiden mißachtet hat.
In jener schaudervollen und furchtbaren Stunde,
wenn die Kräfte des Himmels erschüttert werden,
wenn alle Erzengel, Cherubim und Seraphim
mit Furcht und Zittern vor deiner Herrlichkeit,
erscheinen,
wenn die Grundfesten der Erde erbeben,
und alles, was Odem hat,
vor deiner übergroßen Herrlichkeit erschauert,
in jener Stunde verbirg mich unter deinen Flügeln.
Laß meine Seele von dem schrecklichen Feuer,
dem Zähneknirschen, der äußersten Finsternis
und dem ewigen Weinen errettet werden.
Lobpreisend will ich dann rufen:
Herrlichkeit dem Retter der Sünder
aus übergroßer Erbarmung und Milde!

(Ephräm)

Laßt uns zu Christus beten!
Der heilige Leib
Jesu Christi,
des Gotteslammes.

Der heilige Leib
dessen, der sich hingegeben
für uns.

Der heilige Leib
dessen, der seinen Jüngern
die Geheimnisse der Gnade schenkte
im Neuen Bunde.

Der heilige Leib,
durch den wir empfangen
das unblutige Opfer.

Der heilige Leib
dessen, der mit Wasser wusch
die Füße der Apostel
und mit Heiligem Geist
läuterte ihre Seelen.

Der heilige Leib dessen,
der die Ehebrecherin rechtfertigte
und uns gereinigt hat
durch sein eigenes Blut.

Der heilige Leib dessen,
der den Judaskuß empfing
und dennoch die Schöfung liebte,
durch die er den Tod erlitt.

Der heilige Leib dessen,

der, ausgeliefert an Pilatus,
sich seine Kirche bereitete
untadelig und rein.
Wir preisen und rühmen deinen Namen.

Deinen heiligen Leib,
für uns gekreuzigt,
essen wir.

Dein kostbares Blut,
für uns vergossen,
trinken wir.

Der Leib sei uns zum Heil,
das Blut
zum Nachlaß der Sünden.

Wegen der Galle,
die du getrunken für uns,
weiche von uns
das Gift der Bitterkeit.

Wegen des Essigs,
den du getrunken für uns,
werde gestärkt
unsere Schwäche.

Wegen des Speichels,
den du geduldig ertragen für uns,
mögen wir empfangen den Tau
aus der Fülle deiner Güte.

Wegen des Rohres,
mit dem sie dich schlugen für uns,
werde uns zuteil
ein sieghaftes Ende.

Wegen jenes Kranzes aus Dornen
gewähre uns
den unverwelklichen Kranz.

Wegen des Leintuches,
mit dem du umhüllt,
umgürte uns
mit deiner unbesiegbaren Kraft.

Wegen des neuen Grabes
und deiner Grablegung
erneuere
Seele und Leib.

Weil du auferstanden bist
und uns wieder belebt hast,
laß uns, wiedererweckt, leben
und im gerechten Gericht
bestehen vor dir.

Dein Sakrament, Herr Jesus Christus,
sei uns zum Leben,
sei uns zum Nachlaß unserer Sünden,
denn für uns wird dein Leiden gefeiert.

Für uns hast du den Gallentrank genommen,
um alle Bitterkeit in uns zu töten.

Für uns hast du den Essig nicht verweigert,
um unsere Mattigkeit zu stärken.

Für uns ließest du dich anspeien,
um uns mit unsterblichem Tau zu besprengen.

Mit schwachem Rohr wardst du gepeitscht,
um unsere Schwäche
für ein Leben ewiger Seligkeit zu kräftigen.

Mit Dornen wurdest du gekrönt,
um die an dich Glaubenden mit sprossendem Lorbeer
deiner Liebe zu krönen.

In Linnen wurdest du gehüllt,
um uns mit dem Gewande deiner Kraft zu kleiden.
Du wurdest in das Grab gelegt,
um uns aufs neue deine Gnade für eine neue
Ewigkeit zu schenken.

Blut dessen,
der Fleisch geworden
aus der heiligen Jungfrau,
Jesus Christus – Amen.

Blut dessen,
der geboren
aus der heiligen Gottesgebärerin,
Jesus Christus – Amen.

Blut Gottes,
der erschienen,
die Dämonen zu vertreiben,
Jesus Christus – Amen.

Blut dessen,
der im Jordan getauft
von Johannes, dem Vorläufer,
Jesus Christus – Amen.

Blut dessen,
der sich dargebracht
als Opfer für unsere Sünden,
Jesus Christus – Amen.

Wir haben empfangen
den heiligen Leib,

wir haben getrunken
das kostbare Blut.

Sie seien uns, Herr,
Verzeihung,
und nicht Gericht,
und Rettung für uns.

Für die Osternacht

Heute schauten wir auf dem Altar
unsern Herrn Jesus Christus.
Heute bemächtigten wir uns der glühenden Kohle,
wo unter der Wolke die Cherubim Hymnen singen.
Heute hörten wir die gewaltige und süße Stimme
zu uns sprechen:
Dieser Leib verbrennt die Dornen der Sünden;
dieser Leib erleuchtet die Seelen der Menschen;
diesen Leib berührte die Blutflüssige,
und sie wurde von ihrem Leiden geheilt.
Diesen Leib blickte die Tochter der Chananäerin an
und wurde geheilt.
Diesem Leib näherte sich die Ehebrecherin
und wurde befreit vom Schmutz der Sünde.
Diesen Leib berührte Thomas und rief aus:
Du bist mein Herr, du bist mein Gott!
Dieser hohe und erhabene Leib gewährt uns
überreiches Heil.
Dies ist das Blut, vergossen für uns
und uns geschenkt zum Nachlaß der Sünden.
Wir, seine geliebten Kinder, trinken das heilige Blut,
das unsterbliche, geflossen aus seiner Seite.
Es heilt jede Krankheit und befreit jede Seele.
Wir trinken das Blut,
durch das wir losgekauft,
durch das wir befreit,

durch das wir erkannt
und erleuchtet werden.
Seht, Kinder,
welchen Leib wir essen!
Seht, welch Blut wir trinken!
Seht, Kinder,
welchen Bund wir schließen mit Gott,
damit wir nicht zuschanden werden
am Tag des Gerichtes.
Wer vermag das Mysterium seiner Huld zu verkünden? Wir wurden gewürdigt, Anteil zu haben an Gottes Gabe. Laßt uns sie rein bewahren, damit wir auch würdig werden, die selige, süße und heilige Stimme zu hören, die spricht: Kommt, ihr Gesegneten meines Vaters, nehmt Besitz von dem Reich, das er euch bereitet! Dann werden alle, die den Herrn gekreuzigt haben, zittern und zuschanden werden, die nicht an den Vater und den Sohn und den Heiligen Geist geglaubt und sich nicht zur Dreifaltigkeit in der einen Gottheit bekannt haben. Für uns aber, Geliebte, bricht an die Festfeier der Taufe des Christus, die heilige und lebendigmachende Auferstehung, durch die der Schöpfung das Heil ward. Wir alle erwarten es in der Huld und Menschenliebe unseres Herrn Jesus Christus, dem Herrlichkeit gebührt und Ehre und Anbetung.

Präfation für die Osternacht

Wahrhaft würdig ist es und gerecht, geziemend und heilsam, dir immer und überall Dank zu sagen, Herr, heiliger Vater, allmächtiger Gott.
Nun ist nämlich da die gar erwünschte Zeit, und das Licht der ersehnten Nacht ist angekommen.
Was kann nämlich Größeres oder Geringeres erfunden werden, als die Kraft des auferstandenen Herrn zu preisen? Denn der Unterwelt Schlösser zerbrechend, hat er ja für uns heute sein so lichthelles Auferstehungsbanner aufgenommen

und heimkehrend den durch den Neid des Feindes niedergeworfenen Menschen hineingetragen zu den staunenden Sternen.
O mystischer und verehrungswürdiger Tausch dieser Nacht! O fromme immerwährende Wohltaten für die heilige Mutter Kirche! Er will nicht ins Verderben stürzen, sondern retten.
Aufgejauchzt hat Maria in der heiligen Knabengeburt. Aufjauchzt die Kirche angesichts der Erzeugung ihrer Söhne. So hat jener selige Quell, welcher aus der Herrenseite übergeflossen ist, die Massen der Laster mit sich genommen, daß auf diesem heiligen Altare das immerwährende Leben die Lebensspeisen für die Wiedergeborenen auftrage.
Und darum singen wir mit den Engeln und Erzengeln, Thronen und Herrschaften und der ganzen himmlischen Heerschar den Hymnus deiner Glorie, ohne Ende singend:
Heilig, heilig, heilig.

(Gelasianum)

Präfation für das Osterfest

Geziemend ist es und heilsam, dir, heiliger, allmächtiger Gott, Dank zu sagen, dir unser Lobopfer darzubringen, glorreicher Vater, Schöpfer und Urheber des Alls. Denn obgleich Jesus Christus, dein Sohn, Gott war voll Majestät, nahm er zur Befreiung des Menschengeschlechts bereitwillig das Kreuz auf sich.
Ihn hat einst Abraham vorgebildet in seinem Sohn und das Volk des Mose in der Opferung des unbefleckten Paschalammes. Von ihm verkündete die heilige Posaune der Propheten: Er soll die Sünde aller tragen und die Schuld tilgen.
Dies ist das Pascha, das Christi Blut geadelt hat, über das das christliche Volk in überströmender Liebe frohlockt.
O gnadenvolles Mysterium! O unsagbares Sakrament göttlicher Freigebigkeit! O Fest, ehrwürdig über alle Feste! Um den Knecht zu erlösen, liefert er sich den Sterblichen zum Tode aus.

O wahrhaft seliger Tod, der die Fesseln des Todes gelöst hat!
Nun soll der Fürst der Unterwelt wissen, daß seine Macht gebrochen ist.
Wir aber jubeln, weil wir aus dem Abgrund der Schuld gerettet wurden und zum himmlischen Reich aufsteigen dürfen.

(Ambrosianische Präfationen)

Paschahymnus

1

Pascha,
Pascha des Herrn, ruft der Geist.
Pascha, nicht Erzählung,
nicht Schatten,
sondern wahrhaft Pascha des Herrn.
Das vergossene Blut ist zum Zeichen,
Zeichen für die kommende Wahrheit.
Des wahrhaftigen Geistes erstes Bild,
Nachahmung der großen Salbung.
»Ich werde das Blut sehen und euch beschirmen.«
Wahrlich, Jesus, du hast uns beschirmt
vor dem vielen Unglück.
Du hast deine väterlichen Hände ausgespannt
und uns mit deinen väterlichen Flügeln eingehüllt,
göttliches Blut hast du auf Erden hervorquellen lassen
in deinem blutigen und menschenfreundlichen Bund.
Du hast aufgehoben die Drohung des Zornes
und uns wiedergeschenkt die erste Versöhnung
von droben ...
O du Einziger, allein in Wahrheit alles in allem,
mögen die Himmel deinen Geist haben und
das Paradies deine Seele ...
dein Blut aber die Erde.
O mystischer Reigen! O Fest des Geistes!
O Pascha Gottes, das vom Himmel den Weg nahm

bis zur Erde
und von der Erde wieder aufsteigt in den Himmel!
O neues Fest des Alls,
Fest, das den ganzen Kosmos versammelt!
O Freude aller, Ehre, Speisung, Wonne:
Die Finsternis des Todes ist vernichtet.
Das Leben ist ausgebreitet über das All.
Die Pforten des Himmels stehen offen.
Gott ist als Mensch erschienen
und der Mensch als Gott aufgestiegen.
Er hat die Pforten der Unterwelt gebrochen
und die ehernen Schranken zersplittert.
Das Volk der Tiefe ist auferstanden von den Toten,
um denen droben zu verkünden,
daß die Verheißung erfüllt ist:
Die Erde bringt Regen hervor.
O göttliches Pascha, der Gott des Himmels
vermählt sich im Geist
in freischenkender Liebe mit uns.
Der unermeßliche Hochzeitssaal ist gefüllt mit Gästen.
Alle tragen das hochzeitliche Kleid,
und keiner wird hinausgeworfen, weil er keins besitzt.
O Pascha, Licht neuer Klarheit,
Abglanz der jungfräulichen Schar!
Die Lampen der Seelen verlöschen nicht mehr.
Das Feuer der Gnade entzündet sich göttlich in allen.
Es brennt in Seele und Leib,
genährt vom Öl Christi.
Darum bitten wir dich, Allerhöchster, Christus,
König des Geistes und der Ewigkeiten,
breite deine Arme aus über deine geheiligte Kirche
und über dein heiliges Volk, das dir immer gehört.
Verteidige, behüte, bewahre es,
kämpfe und siege für es.
Unterwirf ihm alle Feinde
bis zur Vernichtung der unsichtbaren Kräfte,
die schon auf dem Rückzug sind.

Hebe das Banner jetzt über uns
und gib, daß wir mit Mose ein Siegeslied singen.
Denn dein sind der Sieg und die Macht
in die Ewigkeiten der Ewigkeiten. Amen.

(Hippolyt von Rom)

II

Wer fromm ist und den Herrn liebt,
komme und koste, wie köstlich dieses Fest ist!
Der treue Diener trete beschwingt in die Freude
seines Meisters.
Wer die Mühsal des Fastens getragen,
komme und empfange seinen Denar.
Wer seit der ersten Stunde gearbeitet,
wird heute empfangen den gerechten Lohn.
Wer zur dritten Stunde gekommen,
wird sich freuen in Danksagung.
Wer erst gekommen zur sechsten Stunde,
darf hinzutreten ohne Furcht, er leidet keinen Schaden.
Wenn einer sich verspätet hat bis zur neunten Stunde,
darf er ohne Zögern kommen.
Der Arbeiter der elften Stunde
wird keinen Nachteil haben durch seine Verspätung.
Denn der Herr ist großmütig.
Er empfängt den Letzten wie den Ersten.
Er gewährt Ruhe dem Arbeiter der elften Stunde
wie jenem, der vom frühen Morgen an sich gemüht hat.
Er ist gütig mit dem Letzten und überhäuft den Ersten.
Er gibt dem einen, ohne den anderen zu vergessen.
Er sieht nicht nur das Werk,
sondern durchschaut schon die Gesinnung.
Ihr alle, geht ein in die Freude eures Meisters.
Ihr Ersten und ihr Letzten, empfangt den Lohn.
Reiche und Arme, singt im Chor.
Ihr Enthaltsamen und Müßigen, feiert diesen Tag.
Mögt ihr nun gefastet haben oder nicht,

freut euch heute.
Das Gastmahl ist bereit, kommt also alle.
Das Mastkalb ist geschlachtet, alle werden satt.
Eßt mit Wonne beim Gelage des Glaubens.
Kommt und schöpft aus den Reichtümern der Güte.
Niemand beweine seine Armut.
Allen steht das Königreich offen.
Keiner beklage seine Sünden.
Die Verzeihung ist aus dem Grab erstanden.
Niemand fürchte den Tod.
Denn der Tod des Herrn hat uns befreit.
Er hat den Tod zerschmettert,
als der Tod ihn fesseln wollte.
Er hat in Schrecken gejagt alle,
die sein Fleisch berührt hatten.
Jesaja sah es voraus und rief in alle Winde:
Die Unterwelt wurde bestürzt, als sie ihm begegnete.
Sie wurde bestürzt, weil sie zerschmettert ward.
Sie geriet in Traurigkeit, weil sie hintergangen ward.
Die Unterwelt hat einen Toten ergriffen und
fand sich wieder vor Gott.
Sie hat die Erde ergriffen und ist dem Himmel begegnet.
Sie hat den Sichtbaren ergriffen und
ist auf den Unsichtbaren gestoßen.
Tod, wo ist dein Sieg, Tod, wo ist dein Stachel?
Christus ist auferstanden, du bist zerschmettert worden.
Christus ist auferstanden, die Dämonen sind gestürzt.
Christus ist auferstanden, die Engel freuen sich.
Christus ist auferstanden,
alle Toten verlassen die Gräber.
Ja, Christus ist auferstanden von den Toten,
der Erstling aller Entschlafenen.
Ihm gebührt die Herrlichkeit und Macht
in die Ewigkeiten der Ewigkeiten. Amen.

(Hippolyt von Rom)

Osterhymnen

I

Laßt uns verherrlichen ihn im Liede:
Ehre dem Herrn!
Christus ist geboren vom Heiligen Geist,
uns das Leben zu schenken.
Er hat sich herabgelassen, in unserer Mitte zu wohnen.
Laßt uns ihn preisen:
Ehre dem Herrn!
Siehe da!
Die Jungfrau hat zur Welt gebracht den Emanuel.
Er ist abgestiegen vom Himmel
und hat aus Ägypten gerettet
das in der Fremde irrende Volk.
Laßt uns ihn preisen:
Ehre dem Herrn!
Er wollte uns schenken Sieg über den Feind.
Er hat Wohnung genommen in der Jungfrau Maria.
Der Unsichtbare ist sichtbar geworden im Fleisch.
Laßt uns ihn anbeten:
Ehre dem Herrn!
Geboren aus der Frau, der immerwährenden Jungfrau,
ist das Wort der Wahrheit auferstanden für uns.
Laßt uns erheben den Herrn und rufen:
Ehre dem Herrn!
Licht vom Licht!
Auferstanden ist für uns
Christus, unser König.
Er hat unsere Seelen errettet aus dem Land Ägypten.
Laßt uns singen vereint:
Ehre dem Herrn!

II

Wir verkünden, Herr, deinen Tod
und besingen, o Christus,
deine glorreiche Auferstehung.
Würdig sind wir befunden des mystischen
und unaussprechlichen Mahles.
Laßt uns teilnehmen mit Freuden
an den geistigen Gaben,
die du uns reichst.
Laßt mit den Engeln uns singen das Siegeslied:
Alleluja!

Das Wort, das im Schoß des Vaters ist,
wurde heute am Kreuz erhöht,
weil er es wollte,
und wurde beerdigt wie ein sterblicher Mensch.
Aber er ist auferstanden am dritten Tag
und hat uns sein großes Erbarmen geschenkt.
Groß ist das Geheimnis
deiner Auferstehung, Christus.
Den Leib des Herrn empfangt,
kostet von der Quelle der Unsterblichkeit.
Alleluja!

Nach dem Mahl
überantwortete er sich dem Leiden,
er, der Unsterbliche.
Den Leib des Herrn empfangt,
kostet von der Quelle der Unsterblichkeit.
Alleluja!

Dann trat ihm Hades entgegen
und wurde besiegt.
Und er forderte von ihm die Entschlafenen.
Den Leib des Herrn empfangt,
kostet von der Quelle der Unsterblichkeit.
Alleluja!

Dann jubelt Maria, die ihn gesalbt,
und betet Gott an vor dem Grab.
Den Leib des Herrn empfangt,
kostet von der Quelle der Unsterblichkeit.
Alleluja!

Sagt nun dem Petrus
und den anderen Aposteln,
daß erstand von den Toten
Christus, der Unsterbliche.
Den Leib des Herrn empfangt,
kostet von der Quelle der Unsterblichkeit.
Alleluja!

Österliche Doxologie

Wahrlich Ostern!
Ostern! groß und heilig!
Entsühnung der ganzen Welt!
Wie lebendig, sprech' ich dich an!
O Wort Gottes.
Licht und Leben und Weisheit und Macht!
All deine Namen erfreuen mich.
O Sohn, Ausgang, Bild des erhabenen Geistes.
O geistiges Wort und sichtbarer Mensch!
Du bindest alles durch das Wort deiner Macht
und trägst es.
Nimm an diese Predigt nicht als Erstlingsgabe,
sondern als Erntegabe des Sommers
und Dankesgabe für empfangene Wohltaten
und zugleich Bittgebet.
Füge zu den heiligen und notwendigen Sorgen,
in denen wir leben, keine Drangsal hinzu.
Befreie uns aus der Herrschaft des Leibes.
Du siehst, Herr, wie groß sie ist,
und wie sie mich niederbeugt.

Mildere dein Strafurteil,
wenn wir von dir entsühnt werden sollen.
Wenn wir, vom Verlangen erlöst,
in die himmlischen Zelte aufgenommen werden,
wollen wir auf deinem heiligen Altar
dir Dankopfer darbringen.
Vater, Wort und Heiliger Geist!
Denn dir gebührt alle Herrlichkeit, Ehre und Macht
in die Ewigkeiten der Ewigkeiten. Amen.

(Gregor von Nazianz)

Alter, Krankheit und Tod

Am Abend des Lebens

Gott, du bist am Ende der Zeiten,
als der Tag sich neigte,
zu unserer Erlösung gekommen.
Du hast Adam aus dem Paradies vertrieben
und hast es wieder geöffnet für ihn.
Durch deinen Kreuzestod erbarme dich meiner,
da das Ende meines Lebens herankommt,
und der Abend sich naht.
Die Zeit ist zu kurz,
um alle meine Flecken abzuwaschen.
Ich kann nicht mehr um viele Jahre bitten,
damit ich für meine Fehler büße.
Schone meiner, Herr,
vor deinem furchtbaren Richterstuhl.
Erbarme dich meiner,
wenn die Zeit der Barmherzigkeit zu Ende ist.
Schau in Frieden und Güte auf mich,
wenn du in Strenge zum Gericht kommst.
Heile mich hier auf Erden, und ich werde heil sein.
Richte mich in deiner Barmherzigkeit auf
und führe mich zur Buße,
auf daß ich dort oben vor dein Angesicht treten kann.
Laß mich nicht in der Macht meiner Feinde, Herr,
damit ich nicht die Beute derer werde,
die meiner Seele einen Fallstrick spannen.
Laß mich nicht der Gnade
des Heiligen Geistes beraubt werden.
Ich will den Schmutz von meinem Kleid waschen,
damit ich nicht in die äußerste Finsternis geworfen
werde mit jenem,
der des Hochzeitsfestes nicht würdig war.
Bewahre in meiner Lampe das Öl guter Diener

und weise mich nicht ab mit den törichten Jungfrauen.
Erspare mir, Herr, jenes furchtbare Wort,
das du denen zu deiner Linken sagen wirst:
Ich kenne euch nicht.
Durch dein Blut befreie mich, Herr,
das du am Kreuz für mich vergossen hast.
Schenke mir Leben nach deiner Barmherzigkeit,
damit ich deinem Worte gemäß zu deiner Ehre lebe
und die Freude deines Königreiches erlange
in die Ewigkeiten der Ewigkeiten. Amen.
(Makarios der Ägypter)

Gebet des Greises

Herr Jesus Christus,
König der Könige,
Machthaber über Leben und Tod.
Du kennst das Geheime und Verborgene.
Weder Gedanke noch Gesinnung sind dir verhüllt.
Reinige mich
von meinen insgeheim begangenen Fehlern.
Denn Böses tat ich vor dir.
Sieh, mein Leben schwindet dahin von Tag zu Tag,
jedoch meine Sünden wachsen.
Du, o Herr, Gott allen Geistes und Fleisches,
erkennst die große Gebrechlichkeit
meiner Seele und meines Leibes.
Verleihe, o Herr, meiner Kraftlosigkeit Stärke
und unterstütze mich Elenden.
Gib mir, Herr, ein dankbares Herz,
daß ich mich allezeit deiner Wohltaten erinnere,
du Herr, voll Güte,
gedenke nicht meiner vielen Sünden,
sondern vergiß meine Vergehen.
Herr, verachte nicht mein Gebet,
das Gebet eines niedrigen Sünders.
Nimm nie von mir deine Gnade bis ans Ende.

Sie schütze mich so wie bisher.
Sie lehrte mich nämlich diese heilige Weisheit:
Selig sind, die auf ihren Wegen wandeln.
Sie werden dafür die Krone der Herrlichkeit empfangen.
Herr, ich Unwürdiger preise und lobe dich,
der du mit Erbarmungen mich überreich gemacht hast.
Du warest mir Schützer und Helfer.
Darum sei der Name deiner Majestät ewig gepriesen.
Denn dir, unserem Gott, Herrlichkeit dir!

(Ephräm)

Gebet zu Christus in der Krankheit

Stärke mich, Christus!
Wie dürfen aufgelöst sein die Kräfte deines Dieners?
Müßig ist die Zunge, die dich verherrlicht.
Wie kannst du das zulassen?
Gib mir Kraft und verwirf nicht deinen Priester.
Ich wünsche wieder zu stehen,
des Heiles Herold zu sein
und das Volk zu entsühnen.
Dich, meine Stärke, flehe ich an, verlaß mich nicht!
Wenn im Sturm ich je dich verriet,
will ich vom Sturm wieder zu dir zurückgeworfen
werden.

(Gregor von Nazianz)

Gebet zu Christus

Weh mir, ich bin erschöpft, mein Christus,
du Leben der Sterblichen.
Weh mir, in welchem Kampf und Sturm
werd' ich bekämpft von meinem Mitarbeiter.
O endloses Leiden und Verweilen in der Fremde.
O Kämpfe von außen und von innen,
die die Schönheit des göttlichen Bildes zerstören.
Welche Eiche könnte solche Stürme aushalten?

Welches Schiff hat je gegen solche Wogen gekämpft?
Ich bin an der Mühe und von dem Ansturm
der Geschäfte zerbrochen.
Das Haus des Bischofs hab ich wider Willen
übernommen.
Als ich es betrat, fand ich es zerstört.
Freunde haben mich niedergebeugt,
und Krankheit hat mich verzehrt.
Mit Steinen wurde ich empfangen,
wie andere mit Blumen.
Ich habe das Volk verloren,
dessen Leitung der Geist mir übertrug.
Von den Söhnen hab ich einige verloren,
von anderen bin ich getrennt.
Wieder andere verachten mich,
o ich unseliger Vater!
Die mir beistehen sollten,
stellen mir nach schlimmer als Feinde.
Sie achten nicht einmal den Altar der Mysterien,
nicht die Mühen, die ich getragen,
die selbst Gottlose sonst zu schätzen wissen.
Sie denken nicht daran,
die mir angetane Schmach wieder gutzumachen.
Auf eines nur sinnen sie: auf meine Entehrung.

(Gregor von Nazianz)

Brief an die Römer 4 und 7

Weizen Gottes bin ich und durch wilder Tiere Zähne
werde ich gemahlen,
auf daß ich als reines Brot Christi erfunden werde.
Meine Liebe ist gekreuzigt,
und nicht ist in mir das die Materie liebende Feuer,
wohl aber Wasser, lebendiges,
und das in mir raunt, mir inwendig sagt:
Komm zum Vater.

(Ignatius von Antiochien)

Brief an die Römer 5 und 6

Jetzt fange ich an, ein Jünger zu sein.
Nichts soll mich umwerben
von Sichtbarem und Unsichtbarem,
damit ich glücklich Jesus Christus erreiche.
Feuer und Kreuz und Rudel von wilden Tieren,
Zerschneiden, Zerteilen, Zerreißen der Gebeine,
Verstümmeln der Glieder,
Zermahlen des ganzen Körpers und
üble Plagen des Teufels
mögen über mich kommen,
wenn ich nur zu Jesus Christus gelange.
Nichts werden mir nützen die Enden der Welt
noch die Königreiche dieser Welt.
Besser ist mir, zu sterben in Christus Jesus hinein,
als zu beherrschen die Enden der Erde.
Ihn suche ich, der für uns gestorben ist,
ihn begehre ich, der um unsertwillen auferstand.
Meine Geburtswehen beginnen schon.
Habt Nachsicht mit mir, Brüder.
Verwehrt mir nicht das Leben.
Wollt nicht, daß ich sterbe.
Den, der Gott gehören will, gebt nicht der Welt preis,
und verführt ihn nicht durch die Materie.
Laßt mich das reine Licht empfangen.
Dort angelangt, werde ich Mensch sein.
Laßt mich Nachahmer sein des Leidens meines Gottes.
Wer ihn in sich hat, muß verstehen, was ich will,
und Mitgefühl haben mit mir,
da er weiß, was mich bedrängt.

(Ignatius von Antiochien)

Herr, allmächtiger Gott,
Jesus Christus,
der du nicht gekommen bist, Gerechte zu berufen,
sondern Sünder zur Buße –

diese Verheißung ist wahrhaftig und offenkundig.
Du hast in deiner Güte gesagt,
noch zu derselben Stunde,
da der Sünder sich von seiner Bosheit bekehrt,
werdest du seiner Sünden nicht mehr gedenken.
Nimm in dieser meiner Leidensstunde die Buße an.
Durch dieses zeitliche Feuer,
das für meinen Leib bereitet ist,
befreie mich von jenem ewigen Feuer,
das Seele und Leib zugleich verbrennt.
Ich sage dir Dank, Herr Jesus Christus,
weil du dich gewürdigt hast,
mich als Opfergabe zu haben für deinen Namen,
der du dich für die ganze Welt allein
als Opfergabe am Kreuz dargebracht hast.
Der Gerechte für die Ungerechten,
der Gute für die Bösen,
der Gebenedeite für die Verfluchten,
der von der Sünde Reine für alle Sünder.
Dir bringe ich mein Opfer dar,
der du mit dem Vater und dem Heiligen Geist lebst
und herrschst als Gott
in die Ewigkeiten der Ewigkeiten. Amen.

(Afra von Augsburg)

Herr, allherrschender Herr,
Vater unseres Herrn Jesus Christus,
komm mir, deinem Diener, zu Hilfe
und sende deinen Engel aus
und nimm in Frieden auf meine Seele,
damit der furchtbare und mörderische Drache
mir nicht in den Weg trete
und in seiner Bosheit ihr den Weg versperre
und in seiner Falschheit sie täusche.
Laß mich vielmehr Ruhe finden
im Chor deiner heiligen Martyrer.

(Bonifatius von Tarsus)

Gebet im Angesicht des Todes

Gott von Gott,
wahrer Gott vom wahren Gott.
Wir bekennen, daß du gut bist.
Steh uns in deiner Güte bei!
Laß uns nicht verlorengehen.
Wir erkennen, daß du barmherzig bist.
Beschirme uns unter den Flügeln deiner
Barmherzigkeit.
Laß nicht zu, daß der Böse uns dir entreiße,
und wir uns frech gegen deine Herrschaft empören.
Als gerecht bekennen wir dich,
sei uns, Herr, Gerechtigkeit.
Als Erlöser bekennen wir dich.
Erlöse und errette uns vom Bösen.
Heilig preisen wir dich.
Mögen wir
durch dein Fleisch und Blut geheiligt werden.
Die Erlösten, die dein Fleisch aßen
und dein kostbares Blut tranken,
mögen dir lobsingen.
Dein Erbarmen komme über uns, Guter,
der du der Sünder dich erbarmst. (Ephräm)

Gebet der heiligen Makrina
in ihrer Sterbestunde

Man hatte sie dem Sonnenaufgang zu gebettet.
Mit leiser Stimme sagte sie:
Herr, du hast uns die Furcht vor dem Tode genommen. Du hast das Ende des Erdenlebens zum Anfang des wahren Lebens gemacht. Du läßt den Leib eine Zeitlang im Schlaf ruhen und erweckst ihn wieder durch die Posaune zum Letzten Gericht.
Du übergibst unseren Leib, den deine Hände aus Erde form-

ten, der Erde zur Obhut, und was du ihr gabst, forderst du wieder zurück und wandelst in unsterbliche Herrlichkeit, was an uns sterblich und mißgestaltet ist. Du hast uns dem Fluch und der Sünde entrissen, da du beides für uns geworden bist.

Du hast den Kopf des Drachen zertreten, der den Menschen mit seinem Rachen in den Abgrund des Ungehorsams herabriß.

Du hast die Pforten der Hölle zerbrochen. Du hast den Fürsten des Todes zunichte gemacht und uns so den Weg zur Auferstehung gebahnt.

Denen, die dich fürchten, gabst du ein Zeichen: dein heiliges Kreuz, zur Überwindung des Widersachers und zum Schutze des Lebens.

Ewiger Gott, dir gehöre ich vom Mutterschoß an. Dich hat meine Seele mit ganzer Kraft geliebt, dir habe ich Leib und Seele von meiner Kindheit an bis heute geweiht. Stelle einen Engel des Lichtes an meine Seite, der mich zum Ort der Erquickung geleitet, zum Wasser der Ruhe, in den Schoß der heiligen Väter. Du hast das Flammenschwert zerbrochen. Du hast den Schächer, der mit dir gekreuzigt war und dein Erbarmen anflehte, ins Paradies zurückgeführt. Gedenke auch meiner in deinem Reich. Auch ich bin ja mit dir gekreuzigt.

Mit der Furcht vor dir habe ich mein Fleisch durchbohrt, und vor deinem Gericht ängstige ich mich. Nicht trenne mich der schreckliche Abgrund von deinen Auserwählten. Nicht belagere der Widersacher meinen Weg!

Schau nicht auf meine Sünden. Wenn ich aus natürlicher Schwäche gefallen bin, wenn ich in Worten, Werken oder Gedanken gesündigt habe, verzeihe mir, du hast ja die Macht, auf Erden Sünden zu vergeben. Dann darf ich aufatmen, und meine Seele wird beim Verlassen des Leibes ohne Makel vor dir erfunden werden. Nimm sie rein und lauter in deine Hände wie ein wohlduftendes Opfer vor deinem Antlitz.

(Gregor von Nyssa)

Gebete für Verstorbene

I

Herr und Gott! Niemand kann Höheres anderen wünschen, als was er für sich selbst ersehnt: darum flehe ich zu dir: Nach meinem Tode trenne mich nicht von denen, die ich im Leben so zärtlich geliebt habe. Herr, ich bitte dich, laß da, wo ich bin, auch sie einst mit mir sein, damit ich mich ihrer Gemeinschaft dort oben erfreuen kann, deren ich hier so früh beraubt worden bin. Dich flehe ich an, Allherrscher, eile, diese geliebten Söhne in den Schoß des Lebens aufzunehmen. Schenk ihnen die ewige Seligkeit als Besitz anstelle des kurzen irdischen Wandels!

II

Der Priester teilt die Gefahr aller. Er fühlt die Seelenqual aller, die sich als Sünder ihm nahen; er leidet mit allen und begrüßt die Befreiung eines jeden aus den Fesseln der Sünde. Nun aber ist mein Herz gebrochen: Einen Mann wie den, den wir verloren, finden wir niemals wieder! Herr, bei dir allein ist Hilfe, zu dir müssen wir flehen und rufen, daß du ihn in deinen Söhnen wieder aufleben lassest. Herr, der du dich Beschirmer der Unmündigen nennst, schütze segnend die, die all ihre Hoffnung auf dich gesetzt haben! Gib deinem Diener Theodosius die vollkommene Ruhe, die du deinen Heiligen bereitet hast. Seine Seele kehre heim in den Himmel, von wo sie ausgegangen ist. Dort kann sie den Stachel des Todes nicht mehr fühlen, weil sie erkennt, daß dort das Herz nicht stirbt, nur die Schuld. Da er gestorben ist, ist er der Sünde gestorben, und für die Sünde ist dort kein Raum. Aber er wird auferstehen zum vollkommenen Leben!

(Ambrosius)

Gebet für einen Verstorbenen

Du, o Gott, hast Macht über Leben und Tod,
Gott der Geister und Gott allen Fleisches,
du, o Gott, gibst Tod und Leben.
Du führst in die Unterwelt
und führst wieder heraus.
Du erschaffst dem Menschen die Seele ein.
Du nimmst die Seelen der Heiligen auf
und schenkst ihnen Ruhe.
Du wandelst, gestaltest und bildest um deine Geschöpfe,
wie es gerecht und nützlich ist,
du, der allein Unvergängliche, Unveränderliche,
Ewige.
Wir bitten dich,
schenke Schlaf und Ruhe diesem Diener
(oder dieser Dienerin).
Erquicke Seele und Geist in den himmlischen
Gefilden und an dem Ort der Ruhe
mit Abraham, Isaak und Jakob und allen Heiligen.
Seinen Leib aber erwecke an dem Tag,
den du bestimmt hast gemäß der Verheißung,
und gewähre ihm seinen Anteil auf himmlischen Auen.
Gedenke nicht mehr seiner Irrtümer und Fehler.
Mache seinen Heimgang friedvoll und gesegnet.
Heile die Trauer der Überlebenden
durch deinen Tröstergeist
und schenke uns allen ein seliges Ende
durch deinen Einziggezeugten, Jesus Christus.
Durch ihn sei dir Ruhm und Macht
in die Ewigkeiten der Ewigkeiten. Amen.

(Euchologion des Serapion)

Für einen verstorbenen Vater

Im Namen des Vaters und des Sohnes
und des Heiligen Geistes. Amen.
Gott der Geister und allen Fleisches,
der du den Tod überwunden
und den Hades mit Füßen getreten
und der Welt gnädig Leben verliehen,
lasse zur Ruhe gelangen
diese Seele meines Vaters
im Land des Lichtes und der Erquickung,
wo Leid, Schmerz und Jammer nicht mehr sind.
Jeden Fehler, den er begangen
in Wort, Werk oder Gedanken,
verzeihe ihm, Gütiger,
der du die Menschen liebst.
Ist doch niemand auf Erden, der nicht sündigte;
Du allein bist Gott und frei von jeder Sünde.
Deine Gerechtigkeit ist Gerechtigkeit ewiglich.
Herr, dein Wort ist Wahrheit.
Du gibst Ruhe der Seele meines Vaters . . .
Denn du bist die Ruhe, das Leben und
die Auferstehung.
Dir Herrlichkeit,
dem Vater, Sohn und Heiligen Geist! Amen.

Gebet für einen verstorbenen Bruder

Herr und Schöpfer des Alls,
du Bildner des Menschen,
o Gott deiner Menschen,
ihr Vater und Lenker.
Herr über Leben und Tod.
Hüter und Wohltäter unserer Seelen,
der du alles wirkst zu seiner Zeit
und nach der tiefen Weisheit

und dem kunstvollen Walten
deines Wortes umwandelst,
nimm jetzt meinen Bruder auf,
den Erstling der Scheidenden.
Wenn du ihn als Ersten empfängst,
so fügen wir uns dem Ratschluß deiner Vorsehung,
die alles lenkt.
Uns gewähre das Leben im Fleisch,
solange es zuträglich ist,
und nimm uns dann auf,
wann es dir gefällt.
Nimm uns auf,
wenn wir in Ehrfurcht vor dir bereit
und nicht verwirrt sind.
Laß uns in der letzten Stunde nicht fahnenflüchtig
und wider unseren Willen
aus dieser Welt gerissen werden
wie jene, die sich der Welt und dem Fleisch
verschrieben haben.
Laß uns vielmehr froh entschlossen dem seligen,
ewigen Leben entgegeneilen,
das in Christus Jesus, unserem Herrn ist
dem Ehre sei in die Ewigkeiten der Ewigkeiten.
Amen. (Gregor von Nazianz)

Grabinschrift für ein Kind:

Magus, du liebes, heiliges Kindlein,
nun bist du droben bei seligen Brüdern.
Wie ist so wandellos glücklich dein Leben,
wie magst du fröhlich sein, da dich beim Heimgang
aus dieser Welt in Liebe umarmte
unsere heilige Mutter, die Kirche.
Nein, du mein Herz, nicht darfst du mehr stöhnen,
Augen, hört auf, so bitter zu weinen.

Gebet eines Verstorbenen an die Lebenden

Heilig, heilig, heilig.
Heil euch, die ihr seht das selige Licht
unseres Vaters, der im Himmel ist.
Uns aber laßt ruhen
in Christus, unserem Herrn,
und in seinem heiligen und
lebendigmachenden Geist.

Es werde auch euch geschenkt,
zu scheiden aus diesem Leben als gute Christen.
Denn auch ich, so niedrig ich auch bin,
habe am Ende meines zu kurzen Lebens
meinen Anteil an der Verheißung Gottes erlangt.
Du, Erlöser, habe Erbarmen mit mir!

Gebete für die Gemeinde

Segenswunsch

Gnade euch und Friede von Gott, unserem Vater,
und dem Herrn Jesus Christus.
Gelobt sei Gott, der Vater unseres Herrn Jesus Christus,
der Gott der Erbarmungen und Gott allen Trostes.
Er hat uns getröstet in all unserer Trübsal,
so daß wir imstande sind, die zu trösten,
die in jeder Art Trübsal sind,
durch den Trost, mit dem wir selbst von Gott
getröstet werden. (2 Kor 1,2–4)

Bitte für die Brüder

Der Gott der Geduld und des Trostes aber gebe euch,
eines Sinnes untereinander zu sein nach
Christi Jesu Vorbild,
damit ihr einmütig den Gott und Vater
unseres Herrn Jesus Christus
mit einem Mund verherrlicht.
Der Gott der Hoffnung aber erfülle euch mit aller
Freude und allem Frieden im Glauben,
damit ihr überreich werdet an Hoffnung,
in der Kraft heiligen Geistes.
Der Gott des Friedens sei mit euch allen. Amen.
Der Gott des Friedens aber wird bald den Satan
unter eure Füße treten.
Die Gnade unseres Herrn Jesus Christus sei mit
euch. (Röm 15,5.6.13.33;16,20)

Danksagung

Gnade und Frieden von Gott, unserem Vater,
und dem Herrn Jesus Christus.
Ich danke Gott allezeit um euretwillen
für die Gnade Gottes,
die euch in Christus Jesus geschenkt wurde.
Seid ihr doch in allem durch ihn reich geworden
in jeglichem Wort und in jeglicher Erkenntnis,
wie denn auch das Zeugnis von Christus in euch
befestigt wurde.
Daher mangelt es euch an keiner Gnadengabe,
die ihr die Offenbarung unseres Herrn Jesus Christus
erwartet.
Er wird euch auch bis zum Ende befestigen,
ohne Tadel am Tage
unseres Herrn Jesus Christus.
Gott ist getreu,
durch den ihr zur Gemeinschaft seines Sohnes,
Jesus Christus, berufen wurdet, unseres Herrn. (1 Kor 1,3–9)

Ich danke meinem Gott, sooft ich eurer gedenke.
Allezeit bitte ich in jedem meiner Gebete
für euch alle mit Freude
wegen eurer Teilnahme am Evangelium Christi
vom ersten Tag an bis jetzt.
Ich vertraue darauf, daß der,
der das gute Werk in euch begonnen hat,
es auch vollenden wird bis zum Tag Christi Jesu.
Wie es denn für mich Pflicht ist,
hierauf bedacht zu sein für euch alle,
weil ich euch im Herzen trage,
ihr alle, die ihr Mitgenossen meiner Gnade seid,
in meinen Banden so gut wie in der Verteidigung
und Befestigung des Evangeliums.
Gott ist mein Zeuge, daß ich mich
in der Liebe Christi Jesu

nach euch allen sehne und wie ich darum bete,
daß eure Liebe mehr und mehr gewinne an Erkenntnis
und jeglichem Feingefühl,
das Bessere zu prüfen,
damit ihr lauter und tadellos dasteht am Tage Christi,
beladen mit Gerechtigkeitsfrucht durch Jesus Christus,
zur Ehre und zum Lobe Gottes. (Phil 1,3–11)

Darum lassen wir auch seit dem Tag,
da wir es hörten, nicht ab,
für euch zu beten und zu bitten,
ihr möchtet erfüllt werden mit der
vollen Erkenntnis seines Willens
in aller Weisheit und geistigen Einsicht,
damit ihr des Herrn würdig wandelt
zu ständigem Wohlgefallen.
Ihr möchtet Frucht bringen in jedem guten Werk
und wachsen in der Erkenntnis Gottes.
Ihr möchtet schließlich stark werden in aller Kraft
– nach der Macht seiner Herrlichkeit –
zu aller Geduld und Langmut.
Dann dürft ihr mit Freuden dem Vater danken,
der euch befähigt hat, Anteil zu gewinnen
am Erbe der Heiligen im Licht.
Er hat uns errettet aus der Gewalt der Finsternis
und umgesiedelt in das Königreich
des Sohnes seiner Liebe,
durch den wir die Erlösung haben,
den Nachlaß der Sünden. (Kol 1,9–14)

Deshalb beuge ich meine Knie vor dem Vater,
von dem alles seinen Namen hat, was sich Vater nennt.
Er verleihe euch nach dem Reichtum
seiner Herrlichkeit, in Kraft zu erstarken
durch seinen Geist am inneren Menschen,
auf daß Christus durch den Glauben in euren
Herzen wohne;

die ihr in der Liebe verwurzelt und gegründet seid.
So sollt ihr fähig werden, mit allen Heiligen zu erfassen,
was die Weite und die Länge und die Tiefe und
die Höhe ist,
und zu erkennen die Liebe Christi,
die alle Erkenntnis übersteigt,
damit ihr erfüllt werdet zur ganzen Fülle Gottes.
Dem aber, der über alles hinaus, was wir bitten
und denken, überschwenglich mehr zu tun vermag
gemäß der in uns wirkenden Kraft,
Ihm sei die Ehre, in der Kirche und
in Christus Jesus bei allen Geschlechtern
von Ewigkeit zu Ewigkeit. Amen. (Eph 3,14–21)

Herr, der du den Himmel, die Erde, das Meer
und alles, was darin ist, erschaffen hast:
Du hast durch den Heiligen Geist, durch den Mund
unseres Vaters David, deines Knechtes, gesagt:
Warum toben die Heiden und sinnen die Völker Eitles?
Erdenkönige stehen auf,
und die Herrscher haben sich versammelt
wider den Herrn und seinen Gesalbten.
Wahrhaftig haben sie sich in dieser Stadt versammelt
wider deinen heiligen Knecht Jesus, deinen Gesalbten,
Herodes und Pontius Pilatus mitsamt den Heiden
und den Volksstämmen Israels,
um auszuführen, was deine Hand und dein
Ratschluß ihm vorausbestimmt haben,
daß es geschehen soll.
Und jetzt, o Herr, sieh her auf ihre Drohungen
und verleihe deinen Knechten, daß sie mit
allem Freimut dein Wort verkünden.
Strecke deine Hand aus, daß Heilungen und Wunder
und Zeichen geschehen
durch den Namen deines heiligen Knechtes Jesus.
(Apg 4,24–30)

Das hohepriesterliche Gebet

Vater, die Stunde ist gekommen,
verherrliche du deinen Sohn,
auf daß dein Sohn dich verherrliche,
wie du ihm Gewalt über alles Fleisch gegeben hast,
damit er allen, die du ihm gegeben, ewiges Leben
spende.
Das aber ist das ewige Leben,
daß sie dich erkennen, den allein wahren Gott,
und, den du gesandt hast, Jesus Christus.
Ich habe dich verherrlicht auf der Erde
indem ich das Werk vollbrachte, das du mir zu tun
gegeben hast.
Und jetzt verherrliche du mich, Vater, bei dir
mit der Herrlichkeit,
welche ich bei dir hatte, ehe die Welt war.
Ich habe deinen Namen den Menschen geoffenbart,
die du mir aus der Welt gegeben hast.
Dein waren sie, und du hast sie mir gegeben,
und sie haben dein Wort gehalten.
Jetzt haben sie erkannt, daß alles, was du mir
gegeben hast, von dir ist.
Denn die Worte, die du mir gegeben hast,
habe ich ihnen gegeben;
sie haben sie angenommen und in Wahrheit erkannt,
daß ich von dir ausgegangen bin.
Und sie haben geglaubt, daß du mich gesandt hast.
Für sie bitte ich, nicht für die Welt bitte ich,
sondern für die, die du mir gegeben hast,
denn sie sind dein.
Und alles, was mein ist, ist dein, und was dein ist,
ist mein,
und in ihnen bin ich verherrlicht.
Ich bin nicht mehr in der Welt, aber sie sind
in der Welt,
und ich komme zu dir.

Heiliger Vater, bewahre du sie in deinem Namen,
den du mir gegeben hast,
auf daß sie eins seien wie wir.
Solange ich bei ihnen war,
habe ich sie bewahrt in deinem Namen,
den du mir gegeben hast; ich habe sie behütet,
und keiner aus ihnen verdarb
als nur der Sohn des Verderbens,
damit die Schrift erfüllt werde.
Jetzt aber komme ich zu dir
und das rede ich in der Welt,
damit sie meine Freude vollendet in sich haben.
Ich habe ihnen dein Wort gegeben,
die Welt hat sie gehaßt, weil sie nicht aus der Welt sind
und auch ich nicht aus der Welt bin.
Ich bitte nicht, daß du sie aus der Welt fortnimmst,
sondern daß du sie vor dem Bösen bewahrst.
Aus der Welt sind sie nicht, wie auch ich nicht aus
der Welt bin.
Heilige sie in der Wahrheit: Dein Wort ist Wahrheit.
Wie du mich in die Welt gesandt hast,
so sende auch ich sie in die Welt.
Für sie heilige ich mich, damit auch sie
in Wahrheit geheiligt seien.
Aber nicht für diese allein bitte ich dich.
Sondern auch für die, welche auf ihr Wort hin
an mich glauben werden,
damit alle eins seien, wie du, Vater, in mir und
ich in dir,
so sollen sie in uns eins sein, damit die Welt
glaube, daß du mich gesandt hast.
Ich aber habe ihnen die Herrlichkeit gegeben
die du mir gegeben hast,
auf daß sie eins seien, wie wir eins sind.
Ich bin in ihnen und du in mir,
damit sie in der Einheit vollendet seien,
auf daß die Welt erkenne, daß du mich gesandt

und sie geliebt hast,
wie du mich geliebt hast.
Vater, ich will, daß da, wo ich bin,
auch die mit mir seien,
die du mir gegeben hast,
damit sie meine Herrlichkeit schauen,
die du mir gegeben hast,
weil du mich vor Erschaffung der Welt geliebt hast.
Gerechter Vater, die Welt hat dich nicht erkannt,
aber ich habe dich erkannt, und diese haben erkannt,
daß du mich gesandt hast.
Ich habe ihnen deinen Namen kundgemacht
und werde ihn kundmachen,
damit die Liebe, mit der du mich geliebt hast,
in ihnen sei und ich in ihnen. (Jo 17,1–26)

Allgemeines Gebet

Wir bitten und flehen,
der Schöpfer des Alls
möge die gezählte Schar seiner Auserwählten
auf der ganzen Welt unversehrt erhalten
durch seinen geliebten Knecht Jesus Christus,
durch den er uns berufen hat
von der Finsternis zum Licht,
von der Unkenntnis der Herrlichkeit
seines Namens,
damit wir auf deinen Namen hoffen,
in dem aller Schöpfung Urgrund ist,
der du unseres Herzens Augen geöffnet hast,
dich zu erkennen,
den allein Höchsten unter Höchsten,
den Heiligen, der ruht unter Heiligen,
der den Stolz der Prahler demütigt,

der die Pläne der Heiden zerschlägt,
der Niedrige hoch und die Hochmütigen niedrig macht,
der reich macht und arm,
der tötet und rettet und Leben schafft.
Den einzigen Wohltäter der Geister
und den Gott allen Fleisches,
der hineinsieht in die Abgründe,
der die Werke der Menschen überwacht,
den Helfer der Gefährdeten,
den Heiland der Verzweifelten,
den Schöpfer und Hüter jeglichen Geistes.
Der du die Völker auf der Erde vermehrtest
und aus allen jene auserwählt hast,
die dich lieben,
durch Jesus Christus, deinen geliebten Knecht,
durch den du uns unterwiesen, geheiligt
und geehrt hast.
Wir bitten dich, Herr,
sei unser Helfer und unsere Stütze.
Die unter uns in Bedrängnis sind, errette.
Der Niedrigen erbarme dich.
Die Gefallenen richte auf.
Zeige dich den Flehenden.
Die Kranken heile.
Die Irrenden in deinem Volk bringe zur Umkehr.
Speise die Hungernden.
Befreie unsere Gefangenen.
Richte auf die Siechen.
Tröste die Kleinmütigen.
Erkennen sollen dich alle Völker,
denn du bist der einzige Gott
und Jesus Christus dein Knecht,
und wir sind dein Volk und die Schafe deiner Weide.
Du hast des Kosmos währende Ordnung
durch deine Werke geoffenbart.
Du, Herr, hast die Erde gegründet,

der du treu bist in allen Geschlechtern,
gerecht in deinen Gerichten,
wunderbar an Kraft und Größe,
weise im Schaffen
und klug, das Geschaffene zu erhalten,
gut in den sichtbaren Gaben
und treu gegen die, so auf dich vertrauen,
Barmherziger und Gütiger.
Vergib uns unsere Sünden, unsere Ungerechtigkeiten,
Fehler und Übertretungen.
Rechne deinen Knechten und Mägden keine Sünde an,
sondern reinige uns durch die reinigende Kraft
deiner Wahrheit
und mache gerade unsere Schritte,
daß wir in Heiligkeit des Herzens wandeln
und tun, was gut und wohlgefällig vor dir
und vor unseren Herrschern ist.
Ja, Herr, laß leuchten über uns dein Angesicht
zum Heile in Frieden,
daß wir durch deine starke Hand geschützt
und durch deinen erhabenen Arm vor jeder Sünde
bewahrt werden,
und rette uns vor denen, die uns hassen ohne Grund.
Gib Einigkeit und Frieden
uns und allen Erdbewohnern,
wie du sie unseren Vätern gegeben hast,
als sie dich heilig anriefen in Glaube und Wahrheit.
Laß uns deinem allherrschenden und erhabenen Namen
und unseren Herrschern und Fürsten
auf Erden gehorsam sein.
Du, Herr, hast ihnen die königliche Gewalt gegeben
aus deiner großmächtigen und unsagbaren Macht,
damit wir die Herrlichkeit und die Ehre erkennen,
die du ihnen gegeben hast,
und ihnen uns unterordnen,
in nichts deinem Willen zuwider.
Gib ihnen, Herr, Gesundheit, Frieden, Eintracht,

Beständigkeit,
auf daß sie die von dir verliehene Herrschaft
untadelig führen.
Denn du, Herr,
himmlischer König der Weltzeiten,
gibst den Menschensöhnen Herrlichkeit und Ehre
und Gewalt über alles auf Erden.
Lenke du, Herr, ihren Sinn
nach dem, was gut und wohlgefällig ist vor dir,
damit sie in Frieden und Sanftmut
gottesfürchtig die Herrschaft führen,
die du ihnen verliehen hast,
und deiner Huld teilhaftig werden,
der du allein vermagst, dieses und noch mehr
Gutes an uns zu tun.
Dich preisen wir,
durch den Hohenpriester und Schutzherrn
unserer Seelen,
Jesus Christus,
durch den dir die Ehre ist und die Größe
jetzt und von Geschlecht zu Geschlecht
in die Ewigkeiten der Ewigkeiten. Amen.

(Klemens von Rom)

Eure Priester sind mit dem Bischof so verbunden
wie die Saiten mit der Zither.
Deshalb ist in eurer Eintracht und
zusammenklingenden Liebe das Lied Jesu Christi.
Aber auch Mann für Mann sollt ihr alle ein Chor
werden, auf daß ihr, in Eintracht zusammenklingend
und Gottes Melodie in Einheit aufnehmend,
mit einer Stimme durch Jesus Christus
dem Vater singt, auf daß er euch erhört
und aus eurem guten Tun
als Glieder seines Sohnes erkennt.

(Ignatius von Antiochien)

Richtet euch alle in eurem Wandel nach Gott.
Achtet einander,
und niemand blicke nach Fleischesart auf
den Nächsten,
sondern in Jesus Christus liebet einander fort und fort!
Nichts sei unter euch, was euch spalten könnte,
seid vielmehr eins mit dem Bischof
und den Vorgesetzten
als Gleichnis und Hinweis auf die Unvergänglichkeit.
Versucht nicht, als löblich erscheinen zu lassen,
was ihr gesondert tut und für euch,
sondern tut alles gemeinsam:
ein Gebet, eine Bitte, ein Geist,
eine Hoffnung in Liebe, in heiliger Freude:
dies ist Christus, den nichts übertrifft.
Wie zu einem Tempel Gottes,
zu einem Opferaltar,
strömt alles zusammen zu einem Jesus Christus,
der aus dem einen Vater hervorgegangen ist
und, auf den Einen hin seiend,
zu ihm auch zurückkehrte.

(Ignatius von Antiochien)

Präfation – ein Lied der Kirche

Wahrhaft, es ist würdig und recht, geziemend und heilsam, daß wir dir Dank sagen, heiliger Herr, allmächtiger Vater, ewiger Gott:
Immer führst du deine Kraft in unserer Schwachheit zum Sieg, und so läßt du auch deine Kirche in der Widerwärtigkeit nur erstarken: Wenn sie unterdrückt erscheint, daß sie gerade dann sich siegreich erhebe – denn Bedrängnis bedeutet Erprobung im Glauben – und, wenn diese in deiner Kraft hienieden siegreich bestanden ist, deiner Kirche herrlicher Ruhm sei, durch Christus unseren Herrn.
Durch ihn preisen die Engel deine Majestät,

beten die Herrschaften dich an,
verehren dich zitternd die Mächte.
Die Himmel und die Himmelsgewalten und die seligen Seraphim feiern dich jubelnd im Chor. Wir bitten dich, laß auch uns in ihren Lobgesang einstimmen und voll Ehrfurcht bekennen:
Heilig, heilig, heilig ... (Leonianum)

Allgemeines Gebet

Einmütig und einfältigen Sinnes
wollen wir zum Herrn flehen,
ihn mit Seufzen und Weinen bitten,
wie solche bitten müssen, die ihren Abfall beklagen
oder ihre eigene Schwäche fürchten
unter vielen Erschlafften
und einer nur kleinen Schar Standhafter.
Laßt uns beten,
daß uns der Friede bald wieder geschenkt werde,
unsere Schlupfwinkel und Gefahren
aufgehoben werden können,
und der Herr die Verheißung an seinen Dienern erfülle:
die Wiederherstellung seiner Kirche,
die Sicherheit unseres Heiles.
Er gebe uns nach Regen heiteres Wetter,
nach Finsternis Licht,
nach Sturm und Wind milde Witterung,
die gütige Hilfe seiner Vaterliebe,
die gewohnten Großtaten der göttlichen Majestät,
die die Gotteslästerung der Verfolger zerschmettern,
die Gefallenen zu rechtmäßiger Buße antreiben
und die starke und standhafte Treue
der Beharrlichen belohne. (Cyprian, Brief 11,8)

Litaneigebet

Laßt uns beten für die Gefallenen,
daß sie sich wieder aufrichten.
Laßt uns beten für die Standhaften,
daß sie nicht bis zum Versagen geprüft werden.
Laßt uns beten,
daß die Gefallenen die Größe ihrer Schuld erkennen
und nicht voreilig nach sofortiger Heilung verlangen.
Laßt uns beten,
daß den Gefallenen nach der Buße
wirksame Verzeihung werde.
Vorerst sollen sie im Bewußtsein ihrer Schuld
geduldig warten
und nicht das schon schwankende Schiff der Kirche
noch unsicherer machen,
durch Unruhestiftung ihre Verbrechen mehren
und eine innere Verfolgung in der Kirche hervorrufen.
Ihnen geziemt vor allem Ehrfurcht,
weil ihre Ehrfurchtslosigkeit in vielen Verbrechen
sie anklagt.
Sie sollen an die Tür klopfen,
ohne sie aber aufzubrechen.
Sie sollen bis zur Schwelle der Kirche gehen,
ohne sie zu überschreiten,
an den Toren des himmlischen Heerlagers wachen,
aber bewaffnet mit der Bescheidenheit,
die sich als abtrünnig bekennt.
Sie sollen die Posaune ihrer Gebete ergreifen,
aber keinen Kriegslärm machen.
Sie sollen sich bewaffnen mit Bescheidenheit
und den Schild des Glaubens ergreifen,
den sie aus Furcht vor dem Tod weggeworfen haben.
Aber sie sollen bedenken,
daß sie sich jetzt gegen den Teufel bewaffnen
und nicht gegen die Kirche,
die ihren Fall betrauert.

Zum Heil wird ihnen das bescheidene Gebet
und die ehrfürchtige Bitte,
die notwendige Demut und unermüdliche Geduld sein.
Tränen sollen ihren Schmerz bekunden.
Seufzer aus tiefstem Herzen mögen für ihren Schmerz
eintreten und die Scham
ob des begangenen Verbrechens anzeigen.

(Cyprian, Brief 30,6)

Friedensgebet

Wir bitten und flehen zu Gott,
den die Feinde beständig herausfordern und beleidigen,
er möge ihre Herzen besänftigen,
auf daß ihr Geist von der Wut gesunde,
ihr ganz von Finsternis erfülltes Herz
das Licht der Buße wahrnehme.
Sie sollen, statt das Blut des Priesters zu vergießen,
den Bischof bitten,
sein Herz für sie im flehentlichen Gebet zu verströmen.

(Cyprian, Brief 59,18)

Gebet um Beharrlichkeit

Eure Bitten sind jetzt besonders wirksam,
und euer Gebet vermag in dieser Zeit der Drangsal alles.
Darum fleht ganz inständig,
daß wir alle mit Hilfe der göttlichen Güte
in unserem Bekenntnis bis zum Ende durchhalten.
Gott möge uns mit euch aus der Finsternis
und den Schlingen der Welt
unversehrt und in Herrlichkeit befreien.
Wie wir hier in Liebe und Frieden miteinander
verbunden waren
und in einer Front gegen das Unrecht der Häretiker

und die Verfolgungen der Heiden standhielten,
so mögen wir uns auch gemeinsam
im himmlischen Reich freuen. (Cyprian, Brief 76,7)

Präfation für Pfingsten

Wahrhaftig, es ist würdig und recht, geziemend und heilsam, daß wir dir Dank sagen, heiliger Herr, allmächtiger Vater, ewiger Gott:
Nimm stets gnädig an, Vater der Herrlichkeit, dieses unser Bekenntnis, das aus den Herzen der Kinder der Verheißung zu dir emporsteigt. Denn wir wissen kein schöneres Geschenk seit dem Ursprung deiner Kirche zu preisen, als daß deine frohe Botschaft in aller Gläubigen Zungen gepriesen und verherrlicht wird. So wird auch jener Fluch, den einst der stolze Turmbau herabbeschwor, hinweggenommen, und der vielstimmige Chor kann die Erbauung deiner Kirche nicht hemmen, sondern bestärkt vielmehr ihre Einheit durch Christus unseren Herrn.
Durch ihn preisen die Engel deine Majestät,
beten die Herrschaften dich an,
verehren dich zitternd die Mächte. (Leonianum)

Präfation für das Fest der Kirchweihe

Durch Christus unseren Herrn. Er hat seiner Kirche die Herrlichkeit der empfangenen Macht übertragen und sie um seiner Ehre willen zur Königin und Braut bestellt. Ihrer hohen Würde unterwarf er alles, ihrem Urteil sollte selbst der Himmel beistimmen. Sie ist die Mutter aller Lebendigen, erhabener noch geworden durch die Zahl ihrer Söhne.
Täglich gebiert sie Gott Kinder durch den Heiligen Geist. Über die ganze Welt hin ranken ihre Zweige, und die Reben, vom Kreuzesholz getragen, steigen zum himmlischen Reich empor.

Sie ist die Stadt auf dem hohen Bergesgipfel, jedem sichtbar und aller Leuchte. Ihr Erbauer und Bewohner aber ist Jesus Christus, dein Sohn, unser Herr.

(Ambrosianische Präfationen)

Um Frieden und glückliche Zeiten

O du allmächtige Hand, die ganze Schöpfung umspannst du, und auf dem Grund deiner Liebe ruhen sich aus alle Welten. Sieh, dein lebenspendender Leib wohnt inmitten der Kirche, und es hütet die Braut den Kelch deines eigenen Blutes. So ist die ganze Natur und alles, was sie gezeugt hat, dir wie ein glorreiches Fest, ein einziger Schrei um Erbarmung:
Laß doch, Herr, das Schwert deines Zornes nicht sausen, unsere Kraft ist zu schwach für göttliche Schläge! Mach ein Ende dem Krieg, der unter uns wütet, gib der Erde das Heil und die Fülle des Friedens. Nimm von uns das Grauen der bebenden Erde! Schicke uns endlich den letzten der Boten des Unglücks, die schon so oft uns das Herz vor Jammer zerbrachen! Fröhlich sei wieder der Mensch nach den Tagen der Trübsal, heiteren Sommer verleih und segne die Ernte. Lege beiseite den Bogen des Grimms, und die Pfeile stecke zurück in den Köcher der Huld und Erbarmung!

(Cyrillonas)

Friedensgebet

Barmherziger und heiliger Gott,
der du uns durch deinen eingeborenen Sohn,
unseren Herrn und Gott
und Erlöser Jesus Christus,
einen heiligen und geistigen Tisch geschenkt hast,
nimm mit huldvollem Blick dieses unblutige Opfer an
und schenke uns, o Herr,
die Gabe deines Heiligen Geistes.

Mach uns würdig,
mit reinem Herzen und gutem Gewissen
deinem Allerheiligsten zu nahen.
Gib uns jenen Frieden,
den dein eingeborener Sohn seinen heiligen Jüngern
gegeben hat,
damit auch wir, wenn wir uns gegenseitig
in heiligem Kuß den Frieden geben,
das Lob emporsenden zu deiner allmächtigen Güte
und zu deinem eingeborenen Sohn
und zu deinem ganz heiligen, gütigen,
anbetungswürdigen, lebendigmachenden
und wesensgleichen Geist
jetzt und allezeit und für die ewigen Zeiten.
Das Volk:
Amen.
Der Priester:
Der Friede sei mit euch!
Das Volk:
Und mit deinem Geist.
Der Diakon:
Laßt uns einander den Frieden schenken.
Das Volk:
Mach uns dessen würdig, Herr!
Der Diakon:
Vor dem Herrn.
Das Volk:
Vor dir, Herr.

Gebet (mit geneigtem Haupt):

Dein Friede, Herr, und deine Ruhe,
deine Liebe und deine Gnade
und die Huld deiner Gottheit
seien mit uns und unter uns
alle Tage unseres Lebens,

auf daß wir dir das Lob emporsenden
und deinem eingeborenen Sohn und deinem Geist.
Das Volk:
Amen. (Syrische Anaphora der zwölf Apostel)

Gebet für das Volk

Wir preisen dich, o menschenfreundlicher Gott,
und tun dir unsere Schwächen kund.
Sei du unsere Stärke.
Verzeihe die begangenen Sünden
und lasse die früheren Fehler nach.
Mach uns zu neuen Menschen.
Erweise uns als rechte und reine Knechte.
Dir weihen wir uns, nimm uns auf!
Gott der Wahrheit!
Nimm auf dieses Volk:
Gib, daß es ganz dein eigenes Volk werde
und makellos und rein vor dir wandle.
Wir bitten dich für alle,
die den Herrn Jesus Christus im Glauben erkannt haben.
Laß sie stark werden in Glauben, Erkenntnis und Lehre.
Wir bitten dich für das ganze Volk.
Sei allen gnädig,
offenbare dich und zeige allen dein Licht!
Erkennen sollen dich alle, den ungezeugten Vater
und deinen einziggezeugten Sohn, Jesus Christus.
Wir bitten dich, Gott der Erbarmungen,
für Männer und Frauen,
für Greise und Kinder,
für Arme und Reiche,
zeige allen deine Güte und Menschenfreundlichkeit.
Erbarme dich aller, und führe alle auf den Weg zu dir.
Wir bitten dich für die Reisenden.
Ein Engel des Friedens begleite sie,
auf daß sie von niemandem Schaden leiden

und in aller Ruhe ihre Fahrt zu Wasser und Land
beenden.
Wir bitten dich für alle Bedrängten,
Gefangenen und Armen.
Gib ihnen allen neue Kraft.
Befreie sie aus den Fesseln
und führe sie aus der Armut.
Richte alle auf, der du aufrichtest und tröstest.
Wir bitten dich für die Kranken,
schenke ihnen Heilung.
Richte sie auf, und gib ihnen Gesundheit
an Leib und Seele.
Denn du bist der Retter und Wohltäter,
du der Herr und König aller,
dich haben wir angerufen für alle
durch deinen Einziggezeugten, Jesus Christus,
durch welchen dir Herrlichkeit und Macht ist
im Heiligen Geist
jetzt und in alle Ewigkeiten der Ewigkeiten. Amen.

(Euchologion des Serapion)

Gebet für den Bischof und die christliche Gemeinde

Dich rufen wir an, den Heiland und Herrn,
den Gott allen Fleisches und jeglichen Geistes,
den Gesegneten und Spender allen Segens:
Heilige diesen Bischof
und bewahre ihn vor jeder Versuchung.
Gib ihm Weisheit und Erkenntnis,
laß ihn voranschreiten in deinen Wissenschaften.
Wir bitten dich aber auch für die Mitpriester:
heilige sie,
gib ihnen Weisheit, Erkenntnis und rechte Lehre.
Laß sie deine heiligen Lehren
recht und rein weitergeben.
Heilige aber auch die Diakone,

laß sie rein sein an Leib und Seele,
dir mit lauterem Gewissen dienen
und beistehen bei der Austeilung der heiligen Gestalten.
Wir bitten dich aber auch für die Subdiakone,
Lektoren und Übersetzer.
Gib allen Dienern der Kirche neue Kraft,
Güte, Erbarmen und Fortschritt.
Wir bitten dich auch für die Einsiedler und Jungfrauen:
daß sie ihren Lauf ohne Fehl und Zwischenfall
vollenden
und ihre Tage in Reinheit und Heiligkeit zubringen.
Erbarme dich aber auch der Verheirateten,
der Männer, Frauen und Kinder.
Gib allen den Segen zu Fortschritt und Besserung,
auf daß sie alle lebendige und
auserwählte Menschen werden
durch deinen Einziggezeugten, Jesus Christus,
durch den dir die Ehre ist und die Macht
im Heiligen Geist
jetzt und in alle Ewigkeiten der Ewigkeiten. Amen.
(Euchologion des Serapion)

Römisches Litaneigebet

Laßt uns alle sprechen:
Herr, erhöre uns, erbarme dich unser.
Mit den Gläubigen bitten wir den Vater
des einziggezeugten Sohnes,
den Sohn des ewigen Gottes
und den Heiligen Geist.
Kyrie eleison.

Für die unbefleckte,
über den Erdkreis ausgebreitete Kirche Gottes
erflehen wir den ganzen Reichtum der göttlichen Güte.
Kyrie eleison.

Für die heiligen Priester des großen Gottes,
für die Diener des Altars,
für alle Völker, die den wahren Gott anbeten,
bitten wir den Herrn Christus.
Kyrie eleison.

Für alle Verkünder des Wortes der Wahrheit erbitten
wir die vielfältige Weisheit des Wortes Gottes.
Kyrie eleison.

Für alle, die um des Himmelreiches willen
ihren Geist und ihren Leib in Zucht nehmen
und sich den geistlichen Werken hingeben,
bitten wir ihn, der die Gaben des Geistes verleiht.
Kyrie eleison.

Um heiteres Wetter, günstigen Regen,
erfrischenden Wind
und den wohltuenden Wechsel der Jahreszeiten
bitten wir den Herrn und Lenker der Welt.
Kyrie eleison.

Für alle, die beginnen, den christlichen Namen
zu erkennen,
und für alle,
die schon nach der himmlischen Gnade verlangen,
erbitten wir die Barmherzigkeit des allmächtigen Gottes.
Kyrie eleison.

Für alle, die gebunden sind in menschlicher Schwäche,
in den Verirrungen des Geistes oder den vielfältigen
Irrtümern der Welt,
erflehen wir die Barmherzigkeit des Erlösers.
Kyrie eleison.

Für alle, die auf beständigen Reisen der Bedrängnis
durch feindliche Macht und Nachstellung ausgeliefert
sind,

bitten wir den Heiland Jesus.
Kyrie eleison.

Für die Werkleute Gottes,
die den andern in der Bruderliebe dienen,
bitten wir den Herrn der Erbarmungen.
Kyrie eleison.

Für alle, die über die Schwelle in das heilige Haus
des Herrn treten und mit frommen Herzen
und fürbittender Liebe sich dort versammeln,
bitten wir den Herrn der Herrlichkeit.
Kyrie eleison.

Um die Läuterung unseres Herzens und Leibes
und die Verzeihung unserer Fehler
bitten wir den Herrn aller Milde.
Kyrie eleison.

Für die Seelen der Heimgegangenen
bitten wir den Herrn
der Geister und Richter allen Fleisches.
Kyrie eleison.

Gewähre uns, Herr, einen Leib,
der tot ist für die Sünde,
und eine Seele, die lebt durch den Glauben.
Gewähre sie uns.

Gewähre uns, Herr, eine lautere Furcht
und eine wahrhafte Liebe.
Gewähre sie uns.

Gewähre uns, Herr,
ein bewährtes Leben und ein glückliches Ende.
Gewähre sie uns.

Sende uns, Herr, den Engel des Friedens und Trostes.
Sende ihn uns.

Uns selbst und all das Unsrige,
für das der Herr Anfang und Wachstum,
Schenker und Behüter ist,
empfehlen wir seiner Erbarmung und Vorsehung.
Kyrie eleison.

Hymnus an die Kirche

»Komm vom Libanon, Braut, zu mir,
schön bist du und kein Fehl ist an dir!«
O du Paradies des göttlichen Künstlers,
Stadt des allheiligen Königs,
Braut Christi, des Makellosen,
keusche Braut, angetraut dem Einen,
dem einzigen Mann im Glauben . . .
Duftig bist du und leuchtend wie Morgenrot,
schön wie der Mond, erwählt wie die Sonne,
gewaltig gleich einem Heerbann.
Selig preisen dich Königinnen,
Mägde singen dir Hymnen
und Jungfrauen Lieder des Lobes.

Wie strahlend entsteigst du der Wüste,
gestützt auf deinen Geliebten!
Es umweht dich der Duft deiner Salben
wie ein Wölkchen über dem Sandmeer,
und ein Hauch von Weihrauch ist um dich,
von Myrrhe und edlen Gewürzen.

Dich sah der Bräutigam voraus, da er sprach:
»Wie ausströmendes Öl ist dein Name,
drum lieben die Mägdlein dich!«
Du stehst dem König zur Rechten

im Festgewand mit goldenen Borten,
Dunkles ist nicht an dir.
Einst, ja, da brannte dich dunkel die Sonne,
jetzt bist du schön und leuchtend von Licht.

Heilige Mutter Kirche,
wenn wir heimfahren zu dir,
finden wir Ruhe in dir nach all den Stürmen
im schrecklichen Meer des Irrtums.
Aufatmen endlich wollen wir bei dir
in der heiligen Lehre, die du wahrst,
in dem heiligen, einen Glauben an Gott,
in der Wahrheit. (Ephiphanius von Salamis)

Zur Kirchweihe

1

Drei in deinem Namen Versammelte bilden schon eine Kirche.
Bewahre die in deinem Haus versammelten Tausende.
In ihrem Herzen
haben sie schon ein Heiligtum für dich errichtet
und tragen es nun in das Gotteshaus,
das zur Ehre deines Namens erbaut wurde.
Möge das Heiligtum ihrer Seele ebenso schön sein
wie das prächtige Haus von Stein.
Nimm Wohnung im inneren Heiligtum
und bewahre das äußere.
Unsere Seelen sind ja wie diese Steine hier
mit deinem Namen bezeichnet.
Die Allmacht Gottes
hätte ebenso leicht ein Haus erbauen können,
wie sie mit einem Wink
die Geschöpfe ins Dasein rief.
Aber er hat den Menschen gebaut,

damit der Mensch für ihn baue.
Gepriesen sei sein Erbarmen,
das uns so sehr geliebt hat!
Er ist unendlich,
wir sind begrenzt.

II

Er baute uns die Welt,
wir bauen ihm ein Haus.
Wie wunderbar ist es,
daß der Mensch dem Allmächtigen und
Allgegenwärtigen ein Haus erbauen kann.
Aber er wohnt unter uns sanftmütig
und zieht uns liebevoll an sich.
Er weilt bei uns und lädt uns ein,
auf daß wir alle zum Himmel aufsteigen
und bei ihm bleiben mögen.
Er stieg von seiner Wohnstätte herab
und erwählte sich die Kirche,
damit wir unsere Stätte verlassen
und das Paradies erwählen.
Gott zeltet unter den Menschen,
damit die Menschen zu Gott gelangen.

(Balai, Land-Bischof von Aleppo)

Lobpreis auf die Kirche

Möchte also Gott kommen! Möchte er das Weib bauen. Jenes als Gehilfin Adams, dieses, die Kirche, als Christi Gehilfin! Nicht als ob Christus der Hilfe bedürfte, sondern wir, und weil es unsere Sehnsucht ist, durch die Kirche zur Gnade Christi zu gelangen! Auch heute noch wird das Weib gebaut, auch heute noch gebildet, auch heute noch gestaltet, auch heute noch geschaffen. Darum die ungewöhnliche Ausdrucks-

weise der Schrift, »wir seien auferbaut auf dem Fundament der Apostel und Propheten« (Eph 2,20). Auch heute noch ersteht »das geistliche Haus zu einer heiligen Priesterschaft« (1 Petr 2,5). Komm, Herr, und baue dieses Weib, baue diese Stadt! Es komme auch dein Knecht! Denn ich glaube dir, da du versicherst: »Er wird bauen meine Stadt« (Jes 45,13).
Sieh das Weib, die Mutter aller! Sieh das geistige Haus! Sieh die Stadt, die Ewige, die den Tod nicht kennt! Sie ist nämlich die Stadt Jerusalem, zwar jetzt auf Erden sichtbar, aber künftig herrlicher als Elias entrückt – Elias war ja nur einer –, herrlicher als Enoch, denn dieser war entrückt, damit die Bosheit sein Herz nicht verkehre! Jene aber erfreut sich als Heilige, Makellose, ohne Runzel der Liebe Christi! Und wieviel unvergleichlich Herrlicheres besagt nicht die Aufnahme des ganzen Leibes Christi, der Kirche, als seine Aufnahme, denn das ist die Hoffnung der Kirche: Sie wird in Wahrheit entrückt, hinauf- und hinweggenommen werden in den Himmel. Sieh, wie Elias auf feurigem Wagen, so wird auch die Kirche entrückt! Du glaubst mir nicht? So glaube doch wenigstens Paulus, in dem Christus verkündet: »Wir werden entrückt werden auf Wolken, Christus entgegen in die Luft, und so werden wir immerdar beim Herrn sein« (1 Thess 4,17).
(Ambrosius)

Gebete zur Jungfrau Maria

Unter den Schutz deiner guten Barmherzigkeit
flüchten wir uns, heilige Gottesgebärerin.
Schau nicht vorbei an unserem Flehen in Bedrängnis,
sondern reiße uns aus der Gefahr,
einzig glorreiche, gebenedeite Jungfrau!

Sei gegrüßt, Maria,
voll der Gnade!

Der Herr ist mit dir
und der heilige Geist.
Die Priester kleiden sich in Gerechtigkeit,
und deine Heiligen frohlocken.
Um Davids, deines Knechtes, willen, Herr,
rette dein Volk, Herr,
und segne dein Erbteil.
Sei gegrüßt, glorreiche Jungfrau,
voll der Gnade,
der Herr ist mit dir.
Du bist gebenedeit unter den Weibern,
und gebenedeit ist die Frucht deines Leibes.
Du hast Christus empfangen, den Sohn Gottes,
den Heiland unserer Seelen.

Gegrüßt seist du, voll der Gnade,
der Herr ist mit dir.
Du bist als das ganz reine
von Ewigkeit her kostbare Gefäß auserwählt,
damit du Gott in dir empfangest.
Du hast Gnade gefunden vor Gott.
Siehe, du wirst einen Sohn gebären
und ihn Jesus nennen.
Er wird die Völker retten
und Sohn Gottes genannt werden.
Gott, der Herr, wird ihm den Thron Davids geben,
und er wird herrschen im Hause Jakobs ewiglich.
Und seines Reiches wird kein Ende sein.
Wie wird dies geschehen, da ich keinen Mann erkenne?
Heiliger Geist wird auf dich herniederkommen,
die Kraft des Höchsten dich überschatten.
Darum wird das Heilige, das aus dir geboren wird,
Sohn Gottes genannt.
Siehe, ich bin die Magd des Herrn,
mir geschehe nach deinem Wort.

O Gebenedeite unter den Weibern,
der Herr hat zu dir gesprochen.
Er hat dir die Frohbotschaft verkündet:
Durch deinen Sohn werden gerettet alle Stämme
Judas und alle Nationen.

Mit dem Erzengel und den Engeln
wollen wir alle sie preisen:
Gegrüßt seist du, Vielgeliebte des Herrn.
Gegrüßt seist du, die du bei dem Allerhöchsten
thronst.
Gegrüßt seist du, Mutter Gottes,
Mutter des Heilandes.

O Taube, du hast die Menschen dem Tod entrissen.
Freut euch, ihr Jungfrauen.
Gegrüßt seist du, die du Gott empfangen
und von Gott in den Himmel aufgenommen bist.
Gegrüßt seist du, Jungfrau.
Gegrüßt seist du, Maria.
Buch der Jungfrauen.
Buch des ewigen Lichtes.
Sei gegrüßt! Sei gegrüßt!

Hymnus an die Jungfrau Maria

Selig ist sie.
Sie hat den Heiligen Geist empfangen.
Er hat sie zu seinem reinen und
makellosen Tempel gemacht,
in dem der Herr der Himmelshöhen Wohnung nahm.
Sie hat den wunderbaren Glanz der Jungfräulichkeit
bewahrt.
Ihr Name strahlt herrlich in Ewigkeit.
Selig ist sie,
durch sie wurde das Geschlecht Adams erneuert,

und die Ausgestoßenen wurden wieder
in das Haus des Vaters geführt.
Selig ist sie,
ihr Leib blieb unberührt
und ward verherrlicht
durch die liebliche Frucht der Jungfräulichkeit.
Selig ist sie,
die Grenzen ihres Schoßes
haben umschlossen den Grenzenlosen,
der die Himmel erfüllt, die ihn nicht fassen können.
Selig ist sie,
sie gebar den Alten der Tage,
der den Adam erzeugte.
Durch sie sind die alternden Geschöpfe
erneuert worden.
Selig ist sie,
Milch reicht sie dem, auf dessen Wink
die Fluten des Weltmeeres hervorbrachen.
Selig ist sie,
als ihr Kind umarmt sie den Riesen,
der die Welt in verborgener Kraft trägt.
Selig ist sie,
für die Gefangenen hat sie den Erlöser erweckt,
der den Kerkermeister fesselte
und der Erde den Frieden verlieh.
Selig ist sie,
ihr reiner Mund berührte die Kohle,
vor deren Glut sich die feurigen Seraphim
verhüllen müssen.
Selig ist sie,
sie hat mit ihrer Milch den ernährt,
der aller Welt Leben gegeben hat.
Selig ist sie,
alle Heiligen verdanken ihrem Sohn die Seligkeit.
Gelobt sei der aus ihrer Reinheit
aufstrahlende Allheilige Gottes. (Jakob von Sarug)

Eucharistische Texte

Die Einsetzung der Eucharistie

Darauf nahm er das Brot, sprach das Dankgebet,
brach es und gab es ihnen mit den Worten:
Das ist mein Leib, der für euch hingegeben wird,
tut dies zu meinem Andenken.

Ebenso nahm er nach dem Mahle den Kelch und sagte:
Dieser Kelch ist der neue Bund in meinem Blute,
das für euch vergossen wird. (Lk 22,19–20)

Während des Mahles nahm Jesus Brot,
sprach das Dankgebet, brach es und gab es ihnen
mit den Worten:
Eßt, das ist mein Leib.
Dann nahm er den Kelch,
sprach das Dankgebet und reichte ihn ihnen;
sie tranken alle daraus. Er sagte ihnen:
Das ist mein Bundesblut,
das für viele vergossen wird. (Mk 14,22–24)

Wenn ihr nun an einem Ort zusammenkommt,
dann ist es nicht möglich,
ein Mahl des Herrn zu essen.
Denn jeder nimmt sein eigenes Mahl vorweg beim Essen,
und der eine hungert, der andere ist betrunken.
Habt ihr denn etwa nicht Häuser, um zu essen und zu trinken?
Oder verachtet ihr die Gemeinde Gottes
und bringt Beschämung über die, welche nichts haben?
Was soll ich euch sagen? Soll ich euch loben?
Hierin lobe ich euch nicht.
Denn ich habe vom Herrn her empfangen,
was ich euch überliefert habe,
daß der Herr Jesus in der Nacht, in der er verraten wurde,
Brot genommen hat, und nachdem er die Preisung gesprochen,
brach er es und sprach:

Das ist mein Leib für euch.
Das tut zu meinem Gedächtnis!
Desgleichen auch den Becher nach dem Essen, indem er sagte:
Dieser Becher ist der neue Bund in meinem Blut.
Das tut, sooft ihr trinkt, zu meinem Gedächtnis!
Denn sooft ihr dieses Brot eßt und den Becher trinkt,
verkündigt ihr den Tod des Herrn, bis er kommt.
(1 Kor 11,20–26)

Eucharistie-Hymnus

Da Jesus entbrannte vor Liebe,
stand er vom Tisch auf,
begann die Mysterien zu vollziehen
und zu vollenden das wahre Pascha.
Am Abend vor diesem denkwürdigen Pascha
übergab er seiner Kirche den Auftrag,
daß sie das Gedächtnis des Lammes,
des Sohnes unseres Gottes, begehe,
der, bevor er für uns getötet wurde,
uns seinen Leib und sein Blut hinterließ.
O denkwürdiger Abend,
an dem die Mysterien enthüllt wurden.
Besiegelt ward der Alte Bund
und die Kirche der Heiden bereichert.
Sei gesegnet, erhabene Stunde,
in der das Mahl gehalten wurde. (Ephräm)

Eucharistische Gebete

Wenn die Eucharistie gefeiert wird,
so sollt ihr Dank sagen.
Zuerst über den Kelch:
Wir sagen dir Dank, unser Vater,
für den heiligen Weinstock Davids, deines Knechtes,
den du uns kundgetan hast

durch Jesus, deinen Knecht.
Dir die Ehre in Ewigkeit.

Über das zu brechende Brot:
Wir sagen dir Dank, unser Vater,
für das Leben und die Erkenntnis,
die du uns kundgetan hast
durch Jesus, deinen Knecht.
Dir die Ehre in Ewigkeit.

Wie dieses Brot zerstreut war über die Hügel hin
und nun, zusammengebracht, eins geworden ist,
also werde zusammengebracht deine Kirche
von den Enden der Erde in dein Reich.
Denn dein ist die Herrlichkeit und die Macht
durch Jesus Christus in Ewigkeit.

Nach der Sättigung aber sollt ihr also Dank sagen:
Wir sagen dir Dank, heiliger Vater,
für deinen heiligen Namen,
dem du ein Zelt bereitet hast in unseren Herzen,
und für die Erkenntnis,
den Glauben und die Unsterblichkeit,
die du uns kundgetan hast
durch Jesus, deinen Knecht.
Dir die Ehre in Ewigkeit.

Du Herr, Allherrscher,
hast alles erschaffen um deines Namens willen.
Speise und Trank hast du den Menschen gegeben
zur Erquickung, damit sie dir danken.
Uns aber hast du gegeben geistliche Speise und Trank
und ewiges Leben
durch Jesus, deinen Knecht.
Vor allem sagen wir dir Dank,
weil du mächtig bist.
Dir die Ehre in Ewigkeit.

Gedenke, Herr, deiner Kirche,
sie zu entreißen allem Bösen
und sie zu vollenden in deiner Liebe,
führe sie heim von den vier Winden,
die geheiligte,
in dein Reich,
das du ihr bereitet hast.
Denn dein ist die Macht und die Herrlichkeit
in Ewigkeit.

Es komme die Gnade
und vergehe diese Welt.

Hosanna dem Gott Davids.

Ist einer heilig, so trete er herzu!
Wer es nicht ist, der tue Buße!

Maranatha. Amen (Didache)

So beschreibt Justin (gestorben um 165) die liturgische Feier am Sonntag: »Am Sonntag kommen alle Stadt- und Landbewohner am gleichen Ort zusammen. Man liest, solange es die Zeit erlaubt, die Apostelbriefe oder die Schriften der Propheten. Dann hält der Leser inne und der Vorsteher ergreift das Wort zu einer Ermahnung und Aufmunterung, dem guten Beispiel des eben Gelesenen zu folgen. Dann erheben sich alle zum Gebet. Nach Beendigung des Gebetes bringt man, wie wir bereits beschrieben haben, Brot und Wein und Wasser herbei. Der Vorsteher betet und sagt Dank, solange es ihm möglich ist. Das Volk antwortet mit dem Ruf: Amen. Die geweihten Gaben werden ausgeteilt und den Abwesenden durch Diakone gebracht.«

Hochgebet

Empor die Herzen!
Wir haben sie beim Herrn.
Laßt uns dem Herrn danken.
Das ist würdig und recht.
Er fährt weiter fort:
Wir sagen dir Dank, o Gott,
durch deinen geliebten Knecht, Jesus Christus,
den du in der Fülle der Zeiten gesandt hast
als Heiland und Erlöser und Bote deines Ratschlusses.
Er ist das von dir untrennbare Wort.
Durch ihn hast du alles erschaffen
nach deinem Wohlgefallen.
Du hast ihn vom Himmel
in den Schoß der Jungfrau gesandt.
In ihr wohnend, hat er sich mit dem Fleisch umkleidet.
Er hat sich geoffenbart als dein Sohn,
aus dem Heiligen Geist und der Jungfrau geboren.
In der Erfüllung deines Willens
hat er ein heiliges Volk dir erworben.
Als er die Arme leidend ausbreitete,
befreite er, die an dich glauben, von der Pein.
Da er sich freiwillig dem Leiden überliefern wollte,
um den Tod zu vernichten,
die Fesseln des Teufels zu zerreißen
und die höllischen Mächte niederzutreten,
die Gerechten zu erleuchten,
einen Markstein aufzurichten,
die Auferstehung zu offenbaren,
da nahm er das Brot,
dankte dir und sprach:
Nehmt hin, esset.
Das ist mein Leib,
der für euch gebrochen wird.
Gleicherweise nahm er den Kelch und sprach:
Das ist mein Blut,

das für euch vergossen wird.
Sooft ihr dies tut,
tut es zu meinem Gedächtnis!
Als Gedächtnis also seines Todes und
seiner Auferstehung
bringen wir dir das Brot dar und den Kelch
und sagen dir Dank,
weil du uns für würdig befunden hast,
vor dir zu stehen und dir zu dienen.
Wir bitten dich,
sende deinen Heiligen Geist auf das Opfer
der heiligen Kirche,
führe alle, die davon empfangen,
in Eintracht zusammen
und erfülle sie mit dem Heiligen Geist
zur Erstarkung im wahren Glauben.
So wollen wir dich loben und verherrlichen
durch deinen Knecht Jesus Christus,
durch den dir Lob und Verherrlichung ist,
Vater, Sohn und Heiliger Geist,
in der heiligen Kirche
jetzt und in die Ewigkeiten der Ewigkeiten. Amen.

(Hippolyt, »Apostolische Überlieferung«)

Opferungsgebet des Bischofs Serapion (gekürzt)

Würdig und recht ist es,
dich, den Vater
Jesu Christi
zu loben, zu preisen und zu verherrlichen.
Wir loben dich, unsichtbarer Vater,
Spender der Unsterblichkeit.
Du bist die Quelle des Lebens,
die Quelle des Lichtes,
die Quelle aller Gnade und Wahrheit,
Liebhaber der Menschen und Freund der Armen.

Du vergibst allen und ziehst alle an dich
durch die Heimsuchung deines geliebten Sohnes.
Wir bitten dich:
Mach uns zu lebendigen Menschen.
Gib uns den Geist des Lichtes,
damit wir dich erkennen, den wahren Gott,
und den du gesandt hast, Jesus Christus.
Gib uns den Heiligen Geist,
damit wir von deiner Liebe zu uns
künden und erzählen können.
Es spreche in uns der Herr Jesus,
und der Heilige Geist verherrliche dich
in Hymnen durch uns.
Mit ihnen nimm auch unseren Lobpreis an,
da wir sprechen:
Heilig, heilig, heilig der Herr Sabaoth,
voll sind Himmel und Erde seiner Herrlichkeit.
Voll ist der Himmel,
voll auch die Erde
von deiner unaussprechlichen Herrlichkeit.
Herr der Gewalten,
erfülle auch dieses Haus mit deiner Macht
und deiner Mitteilung.
Denn dir haben wir dieses lebendige Opfer
dargebracht,
diese unblutige Gabe.
Dir opfern wir dieses Brot,
das Gleichbild des Leibes Jesu Christi.
Dieses Brot ist die Gestalt
des heiligen Leibes:
denn in der Nacht, da der Herr überliefert wurde,
nahm er das Brot
und gab es seinen Jüngern mit den Worten:
Nehmt und esset alle!
Das ist mein Leib,
der für euch gebrochen wird
zur Vergebung der Sünden.

Darum haben auch wir,
indem wir die Gedächtnisfeier des Todes vollziehen,
das Brot dargebracht und flehen:
Versöhne dich mit uns durch dieses Opfer
und sei uns gnädig, Gott der Wahrheit!
Und wie dieses Brot auf den Bergen verstreut war
und, gesammelt, eins geworden ist,
so sammle auch deine heilige Kirche
aus jedem Volk, aus jedem Land,
jeder Stadt, aus jedem Dorf und Haus
zu der einen lebendigen und katholischen Kirche.
Wir haben auch den Kelch dargebracht,
die Gestalt des Blutes,
denn der Herr Jesus Christus
nahm nach dem Mahl den Kelch
und sprach zu seinen Jüngern:
Nehmet hin und trinket:
Das ist der neue Bund,
welcher mein Blut ist,
das für euch vergossen
wird zur Vergebung der Sünden.
Es komme herab, Gott der Wahrheit,
dein heiliger Logos auf dieses Brot,
damit das Brot der Leib des Logos werde.
Und auf diesen Kelch,
damit der Kelch das Blut der Wahrheit werde.
Laß alle Teilnehmer die Arznei des Lebens
empfangen zur Heilung aller Krankheit
und zu kraftvollem Fortschritt in der Tugend.
Nicht aber zum Gericht,
Gott der Wahrheit,
noch zur Schmach und Schande.
Denn dich, den Vater, rufen wir an
durch deinen Sohn
im Heiligen Geist:
Barmherzigkeit werde deinem Volk zuteil.
Mach es würdig, voranzuschreiten.

Sende Engel, die dem Volk beistehen
zur Vernichtung des Bösen
und zur Kräftigung der Kirche.
Wir bitten dich auch für alle Verstorbenen,
deren Gedächtnis begangen wird.
(*Hier erfolgt die Namensnennung.*)
Heilige diese Seelen,
denn du kennst sie alle.
Heilige alle im Herrn Entschlafenen.
Rechne sie unter die Zahl deiner Heiligen.
Gib ihnen Platz und Wohnung in deinem Reich.
Nimm auch die Danksagung des Volkes auf,
und segne alle, die dir ihre Gaben und Gebete
dargebracht haben.
Verleihe diesem ganzen Volk Gesundheit,
Friede, Freude und Fortschritt
an Leib und Seele
durch deinen Sohn Jesus Christus
im Heiligen Geist,
von Geschlecht zu Geschlecht
in alle Ewigkeit. Amen.

Gebet bei der Brotbrechung

Würdige uns dieser Kommunion,
Gott der Wahrheit,
und gib durch sie unserem Leib Keuschheit
und unserer Seele Einsicht und Erkenntnis.
Verleih uns Weisheit, Gott der Erbarmungen,
durch den Empfang des Leibes und Blutes.
Denn dir wird alle Herrlichkeit und Macht erwiesen
durch deinen Sohn
im Heiligen Geist
jetzt und in alle Ewigkeit. Amen.

(Euchologion des Serapion)

Anaphora
des heiligen Johannes Chrysostomus

Geziemend und gerecht ist es, dich zu besingen,
dich zu preisen, dich zu loben, dir zu danken
und dich an jeder Stätte deiner Herrlichkeit
anzubeten.
Denn du bist der unaussprechliche, unergründliche,
unsichtbare, unbegreifliche ewige
und unveränderliche Gott:
du und dein einziggezeugter Sohn
und dein Heiliger Geist.
Du hast uns aus dem Nichtsein ins Dasein gerufen
und nach dem Fall wieder aufgerichtet.
Du hast uns nicht verlassen,
sondern tust alles,
bis du uns in den Himmel zurückgeführt
und dein zukünftiges Reich uns verliehen hast.
Wir danken dir und deinem eingeborenen Sohn
und deinem Heiligen Geist für dieses alles,
für uns alle bekannten und unbekannten,
offenkundigen und verborgenen Wohltaten.
Wir danken dir auch für diesen Opferdienst,
den du aus unseren Händen annehmen willst,
du, dem Zehntausende von Erzengeln
und Myriaden von Engeln dienen,
die Cherubim und die Seraphim,
die mit ihren sechs Flügeln und unzähligen Augen
vor dir schweben und fliegen.
Sie singen, schreien, rufen
und sprechen den Siegeshymnus:

Das Volk:
Heilig, heilig, heilig ist der Herr der Heerscharen.
Himmel und Erde sind voll seiner Herrlichkeit.
Hosanna in der Höhe.
Mit diesen seligen Kräften rufen

und sprechen auch wir:
Menschenfreundlicher Herr!
Heilig bist du, ja allheilig,
du und dein eingeborener Sohn
und dein Heiliger Geist.
Heilig bist du, ja allheilig,
und deine Lichtherrlichkeit ist unermeßlich.
So sehr hast du deine Welt geliebt,
daß du deinen eingeborenen Sohn dahingabst,
damit jeder, der an ihn glaubt, nicht verlorengehe,
sondern das ewige Leben habe.
Dieser kam, und als er die ganze Heilsordnung
erfüllt hatte,
nahm er in der Nacht, da er überliefert wurde
oder vielmehr sich selbst für das Heil der Welt
überlieferte,
das Brot in seine heiligen und unbefleckten
und reinen Hände,
dankte, segnete, heiligte, brach
und gab es seinen Jüngern und Aposteln und sprach:
Nehmt hin und esset!
Dies ist mein Leib,
der für euch gebrochen wird zur Vergebung
der Sünden.
Ebenso nahm er nach dem Mahl auch den Kelch
und sprach:
Trinkt alle daraus!
Dies ist mein Blut,
das Blut des Neuen Bundes,
das für euch und für viele vergossen wird
zur Vergebung der Sünden.
Eingedenk also dieses heilbringenden Gebotes
und alles dessen, was für uns vollbracht worden ist,
des Kreuzes, des Begräbnisses,
der Auferstehung am dritten Tag, der Himmelfahrt,
des Sitzens zur Rechten des Vaters
und der zweiten glorreichen Ankunft,

bringen wir dir dar das deinige von dem deinigen
in allem und wegen allem.

Das Volk:
Wir besingen dich, wir preisen dich,
wir danken dir, Herr,
und wir bitten dich, unseren Gott.

Epiklese
Wir bringen dir diesen geistigen und unblutigen
Dienst dar und rufen, beten und flehen zu dir:
Sende deinen Heiligen Geist auf uns
und auf die vor dir liegenden Gaben herab.
Und mache dieses Brot zum kostbaren Leib
deines Christus
und wandle es durch deinen Heiligen Geist,
und was in diesem Kelch ist,
zu dem kostbaren Blut deines Christus,
es umwandelnd durch deinen Heiligen Geist,
damit sie denjenigen, die sie empfangen,
zur Läuterung der Seelen, zur Vergebung der Sünden,
zur Gemeinschaft des Heiligen Geistes,
zur Fülle des Himmelreiches,
zum Vertrauen auf dich
und nicht zum Gericht
und zur Verdammnis gereichen mögen.
Wir bringen dir auch dieses geistige Opfer
für diejenigen dar,
die im Glauben zur Ruhe gelangt sind,
für die Vorväter, Väter, Patriarchen,
Apostel, Prediger, Evangelisten,
Martyrer, Bekenner, Jungfrauen
und für jede Seele, die im Glauben vollendet wurde.
Vor allem für unsere allheilige,
unbefleckte, hochgepriesene und glorreiche Frau,
die Gottesgebärerin und immerwährende Jungfrau
Maria.

Lesung der Diptychen der Verstorbenen

Gedenke des Propheten, Vorläufers und Täufers
Johannes,
der heiligen und glorreichen Apostel, des Heiligen . . .,
dessen Gedächtnis wir feiern, und aller Heiligen.
Um ihrer Fürbitte willen siehe in Gnaden auf uns,
o Gott, und gedenke aller,
die in der Hoffnung auf die Auferstehung
zum ewigen Leben vor uns entschlafen sind.
Gib ihnen Ruhe, unser Gott,
wo das Licht deines Antlitzes leuchtet.
Ferner bitten wir dich:
Gedenke, Herr, des ganzen
rechtgläubigen Episkopates,
aller, die das Wort der Wahrheit recht verwalten,
der Diakone in Christus
und der gesamten Priesterschaft.
Wir bringen dieses geistige Opfer dar
für die ganze Welt,
für die heilige, katholische und apostolische Kirche,
für alle,
die ein reines und rechtschaffenes Leben führen.

Lesung der Diptychen der Lebenden

Gedenke, Herr, der Stadt, in der wir leben,
jeder Stadt und jeden Landes,
in denen deine Gläubigen wohnen.
Gedenke, Herr, der Schiffahrenden und Reisenden,
der Kranken, Leidenden und Gefangenen
und ihres Heiles.
Gedenke, Herr, der Stifter und Wohltäter
deiner heiligen Kirchen und aller,
die der Armen gedenken.
Sende auf uns alle dein Erbarmen herab.

Gib uns, mit einem Munde und mit einem Herzen
deinen allverehrten und erhabenen Namen
zu verherrlichen,
den Namen des Vaters, des Sohnes und
des Heiligen Geistes, jetzt und allezeit
und in alle Ewigkeit. Amen.

Die ›Markusliturgie‹

Fragment der Anaphora
nach dem Papyrus von Dêr-Balyzeh

Die Präfation und der größte Teil der Fürbitte fehlen.

Dein Segen ruhe über deinem Volk,
das deinen Willen erfüllt.
Richte die Gefallenen auf.
Führe die Irrenden wieder auf den rechten Weg.
Stärke die Mutlosen.
Denn du bist erhaben über jedes Fürstentum,
jede Gewalt, Macht und Herrschaft
und über jeden Namen,
der nicht bloß in dieser Welt,
sondern auch in der zukünftigen genannt wird.
Um dich stehen tausendmal tausend Engel
und unzählige Scharen von Erzengeln,
die vieläugigen Cherubim und sechsflügeligen
Seraphim.
Zwei Flügel verdecken ihr Antlitz,
zwei ihre Füße, und mit zweien fliegen sie.
An allen Orten verkünden alle,
daß du heilig bist.
Mit allen, die dir lobsingen,
nimm heute auch unsere Gabe an,
während wir rufen:
Heilig, heilig, heilig, Herr Sabaoth,

Himmel und Erde sind voll deiner Herrlichkeit.
Erfülle auch uns mit deiner Herrlichkeit.
Laß dich herab und
sende deinen Heiligen Geist auf diese Gaben,
die du erschaffen hast,
und mach aus diesem Brot den Leib unseres Herrn
und Heilandes Jesus Christus
und aus dem Kelch das Blut des neuen Bundes
unseres Herrn und Heilandes Jesus Christus.
Und wie dieses Brot, das auf den Bergen
und Hügeln und in den Tälern zerstreut war,
gesammelt wurde zu einem Leib,
und wie dieser Wein,
der aus dem heiligen Weinstock Davids strömte,
und dieses Wasser,
das aus dem makellosen Lamm floß,
miteinander vermischt, ein einziges Mysterium wurden,
so sammle die katholische Kirche Jesu Christi.
Denn unser Herr Jesus Christus nahm in der Nacht,
da er verraten wurde,
Brot in seine heiligen Hände,
dankte, segnete es, heiligte, brach
und gab es seinen Jüngern und Aposteln
mit den Worten:
Nehmt und eßt alle davon,
das ist mein Leib,
der für euch hingegeben wird zur Vergebung der
Sünden.
Gleicherweise nahm er nach dem Mahl den Kelch,
dankte, trank daraus, gab ihnen und sprach:
Nehmt, trinkt alle daraus:
Das ist mein Blut,
das für euch vergossen wird zur Vergebung der Sünden.
Sooft ihr dieses Brot eßt und diesen Kelch trinkt,
verkündet ihr meinen Tod,
verkündet ihr meine Auferstehung,
begeht ihr mein Gedächtnis.

Das Volk:
Deinen Tod verkünden wir,
deine Auferstehung preisen wir.
Wir bitten:

Hier weist der Text eine große Lücke auf

. . . Gewähre uns, deinen Dienern,
die Kraft des Heiligen Geistes,
Befestigung und Wachstum im Glauben,
Hoffnung auf das zukünftige ewige Leben
durch unseren Herrn Jesus Christus,
mit dem dir, dem Vater, und dem Heiligen Geist
Ehre sei in die Ewigkeiten. Amen.

Papyrus Andrieu-Collomp

Der Anfang der Anaphora fehlt

Dich preisen wir bei Tag und Nacht,
der du den Himmel gemacht hast
und was im Himmel ist,
die Erde und was auf Erden ist,
das Meer und die Flüsse und was in ihnen wohnt.
Du hast den Menschen nach deinem Bild
und Gleichnis erschaffen.
Alles hast du geordnet nach deiner Weisheit
und dem wahren Licht,
deinem Sohn, unserem Herrn
und Heiland Jesus Christus.
Darum sagen wir dir Dank
mit ihm und dem Heiligen Geist.
Wir bringen dir dieses geistige Opfer dar,
dieses unblutige Opfer, mit allen Völkern
vom Aufgang bis zum Niedergang,
von Nord bis Süd,

denn dein Name ist heilig unter allen Nationen.
An allen Orten opfert man deinem heiligen Namen
Weihrauch, Opfer und Gaben.
Wir bitten flehentlich,
gedenke der einen heiligen, katholischen Kirche
aus allen Völkern und Gemeinden.
Schenke den Frieden des Himmels
all unseren Herzen
und gewähre uns die Gnade des Friedens
für unser ganzes Leben.

Personen- und Sachregister

Walter Repges

Jesus: Christus Gottessohn

Gebete zu dem, den Markus verkündete

1975, 168 Seiten

Diese Gebetsmeditationen stellen einen geistlichen Kommentar zum Markusevangelium dar. Sie ersetzen nicht das, was die wissenschaftliche Exegese ans Tageslicht fördert. Sie wollen es vielmehr fruchtbar machen, für den Glaubenden und für den Nicht-Glaubenden, dessen Nöte, Fragen und Ängste sie aufzugreifen suchen.

Johann Hoffmann-Herreros

Am Abend sind die Lichter heller als am Tag

Texte für die späten Jahre

1975, 96 Seiten

Diese Gebetstexte beschränken sich nicht auf Dank- und Bittgebete. In Selbstgesprächen, in der Zwiesprache mit anderen Menschen und mit Gott geht es nicht in erster Linie um gequälte Wahrheitssuche, sondern um die Gewinnung oder Behauptung eines größtmöglichen Maßes an Selbst-, Welt- und Gottvertrauen und an Freude. Dies geschieht aber in keinem Fall durch frommen Selbstbetrug, sondern immer in der ehrlichen, tapferen Auseinandersetzung mit der Wirklichkeit, wie sie uns umgibt und wie sie sich besonders älteren Menschen darstellt.

Pierre Griolet

Zu jeder Zeit

Gebete

Aus dem Französischen übertragen von Johann Hoffmann-Herreros

1974, 181 Seiten

»Gebets- und Meditationsbücher gibt es gegenwärtig in Fülle. Eine wertende Unterscheidung ist nicht leicht. Dieses Buch scheint uns aber aus der großen Zahl in besonderer Weise herauszuragen.« Christ in der Gegenwart

Schon bald merkt man, wie ungewöhnlich dieses Buch ist, hier versagen alle heute gängigen Charakterisierungen wie »provokativ«, »traditionell«. Ich würde es eher: in »biblischem Geist« gestaltet nennen. Selbst noch in der Übersetzung spürt man seine Eindringlichkeit: die Gebete sind festlich, aber nicht »laut«, modern, aber ohne modische »Phrasen«; sie sind geeignet für den Privatgebrauch und für den Gottesdienst.

Bibel und Leben

Ernesto Cardenal (Herausgeber)

Musik die zum Himmel steigt

Primitive religiöse Poesie

1975, 112 Seiten

Das Buch enthält Gebete und Anrufungen primitiver Völker aus verschiedenen Kontinenten und Ländern von erstaunlicher sprachlicher Kraft, Vielfalt und theologischer Aussage. Ernesto Cardenal hat sie in jahrelanger Arbeit gesammelt und zusammengestellt. Sie sollen uns an die Quelle der »Gespräche mit Gott« zurückführen, unsere Gebets- und Liedliteratur bereichern und uns bekannt machen mit existentiell erfahrenen, ursprünglichen Texten. Die Sammlung ist überraschend, vor allem auch in ihren theologischen und poetischen Dimensionen; sie enthält Anrufe, Gebete, Beschwörungen, Bitten und Dank.

Topos-Taschenbücher

Band 1
Joseph Ratzinger
Das neue Volk Gottes
Entwürfe zur Ekklesiologie

Band 2
Ladislaus Boros
Erlöstes Dasein

Band 3
Marc Oraison
Meditationen über den Sinn des Lebens

Band 4
Dietmar Mieth
Christus – das Soziale im Menschen
Texterschließungen zu Meister Eckhart

Band 5
Otto Hermann Pesch
Rechenschaft über den Glauben

Band 7
Michael Sievernich u. a.
Sexualmord ohne Normen?

Band 8
Hubertus Halbfas
Fundamentalkatechetik

Band 9
Ernst Klee
Randgruppenpädagogik
Grundlagen zum Umgang mit Randgruppen, Außenseitern und Gestörten

Band 10
Karl-Heinz Ohlig
Braucht die Kirche einen Papst?
Notwendigkeit und Grenzen des päpstlichen Primats

Band 11
Johann Baptist Metz
Zur Theologie der Welt

Band 12
Marie Noel
Erfahrungen mit Gott

Band 13
Karl H. Bloching
Texte moderner Schriftsteller zur Meditation

Band 14
Ferdinand Kerstiens
Der Weg Jesu

Band 15
Heinrich Spaemann
Orientierung am Kind
Meditationsskizzen zu Mt 18,3

Band 16
Josef Sudbrack
Personale Meditation
Die vier Bücher von der Nachfolge Christi – neu betrachtet

Band 17
Klaus Breuning
Worte zum Alltag

Band 18
Paul Sporken
Umgang mit Sterbenden
Medizinische, pflegerische und pastorale Aspekte der Sterbehilfe

Band 19
Bernhard Häring (Hrsg.)
Haus des Gebets
Impulse zur charismatischen Erneuerung

Topos-Taschenbücher

Band 20
Willi Lambert u. a.
Damit alle leben können
Sozialethische Überlegungen zu den Hauptproblemen unserer Gegenwart

Band 21
Walter Kasper
Glaube im Wandel der Geschichte

Band 22
Wilhelm Gössmann
Die Gottesrevolution
Die Reden des Jesus von Nazareth

Band 23
Ernesto Cardenal
Gebet für Marilyn Monroe
und andere Gedichte

Band 24
Helmut Jaschke
Das Böse in der Erziehung
Ein Beitrag zur pädagogischen Anthropologie

Band 25
Ernst Klee
Behindertsein ist schön
Unterlagen zur Arbeit mit Behinderten

Band 26
Johanna Klink
Nicht im Sturm, nicht im Feuer
Das Kindergebet

Band 27
Peter Antes / Bernhard Uhde
Aufbruch zur Ruhe

Band 28
Romano Guardini
Religiöse Erfahrung und Glaube

Band 29
Otto Hermann Pesch
Kleines katholisches Glaubensbuch

Band 30
Willi Massa
Kontemplative Meditation
Die Wolke des Nichtwissens – Einführung und Anleitung

Band 31
Werner Wiater
Wege zur Apostelgeschichte

Band 32
Erwin Bischofsberger u. a.
Experiment einer Wohlfahrtsgesellschaft
Das Modell Schweden

Band 33
Gregor Heussen
62 Leute von nebenan
Geschichten zum Philipperbrief

Band 34
Rogier van Aerde
Ich bin kein Kind mehr
Zum Umgang mit Jugendlichen

Band 35
Franz Joseph Schierse
Altchristliche Gebete

Band 37
Frederick Buechner
Wer niemals zweifelt
Ein ABC des Glaubens

Band 38
Seef Konijn
Öffne uns für deine Zukunft
Texte für Schriftlesung, Betrachtung und Gebet

Band 39
Aurelius Augustinus
Auf der Suche nach dem Glück
Gedanken aus seinem Werk